天路企劃・天恩出版 Grace Publisher

用閱讀搭起您與上帝的天梯

有些事，
真不好說

9堂神效溝通TALK

柳子駿 著

親愛的：

──────────────

好好溝通不是天上掉下來的禮物，

也不是船到橋頭自然直的必然。

金蘋果也不會出生在銀網子中，

但願這本書能讓我們越來越有說話的智慧。

──────────────

敬上

致謝

這本書要獻給我的家人和我最愛的天父。

謝謝**爸爸**，教導我與人為善，

我父親是我看過最像耶穌的人。

謝謝**媽媽**，教導我謹慎忠心，

我母親非常在意周圍人的需要。

謝謝我的**妻子聖禾**，跟妳在一起之後，才知道什麼是愛，

是妳的付出和委身，我才有現在最完整的人生。

謝謝我的**三個兒女：心詠、心毅、心謙**，

你們是上帝給我最棒的禮物，

有你們的每一天，我是全天下最幸福的人！

最後，感謝**神**，因祢有說不盡的恩典，

是祢對我不離不棄的愛，才有現在的我和這本書，

我一切所有的都是祢的，

願我一生合乎祢造我的意義和旨意。

目錄

聯合推薦

子駿牧師畢業於東海社工，那段時間我在長榮當校長，所以沒教到他。但他與我女兒簡潔、女婿家佳等都在東海學生團契，我又與老柳牧師健台認識多年，因此也可算是兩代情了。

但讓我高興（訝異）的不僅如此，而是子駿這本書也在講溝通。以前於東海執教的時候，我也開過溝通這門課呀。快覽速讀了一遍，揉了眼睛，再仔細閱讀，不得不說：「長江後浪推前浪，前浪躺在沙灘上。」

子駿的文筆流暢，讀起來不覺得辛苦；子駿牧師不避諱自己的溝通「黑歷史」，所以會讓讀者倍覺輕鬆；子駿的用語「對比性」、「挑撥性」極強！書名「有些事，真不好說」就很有挑逗性，章節中也都很吸引人，如「地球不是繞著你轉」、「你在摧毀還是在建造？」、「抱歉，我只能接收到20％」……這種文筆，會讓讀者未細讀之前就可知道文章的方向，讀後，更是讓人有會心的微笑，感覺很爽更不用說了。

溝通是永遠的動態關係，需要我們不斷地學習技巧，不斷地調整頻率，心態上必須謙虛聆聽，加上心地上的寬容與善良，才能讓溝通這件事「好說，好說」。

願神大大使用子駿牧師，願這本書使眾多讀者蒙福。

簡春安

東海大學教授（退休）
台灣中國信徒佈道會董事長

長年做新聞工作的我自以為是靠嘴吃飯的溝通高手，進入企業界之後要說服廠商、客戶⋯⋯眼前的成功更讓我誤判自己是咬文嚼字的大內高手，直到我在YouTube看到柳子駿牧師的講道，從此一發不能收拾看得津津樂道。每晚睡前一定要看個兩三集，好像追劇一樣，哈哈大笑之後才能睡覺，自己看還不夠，遇到笑中帶淚又能解決人生困境的關鍵解答，我一定節錄影片或是抄下重要文字，廣發給小組成員、親朋好友才覺得過癮。

複雜的職場問題，敏感的家庭關係⋯⋯糾結難解的人生課題都被這位小時候有言語困難，長大卻成為心理諮商碩士的牧師用生動有趣的人生實戰、深入淺出的經文找到最窩心完美的答案！他不會跟你講什麼艱澀難懂的人生大道理，更不會用上對下的角度來要求別人達到自己的期待。超喜劇的五官牽動著生動的表情，直接把神的心意、神的愛吹進你心裡！

並不是只想要以理服人，而是教我們如何以基督的心為心，「無論如何，選擇合一」為最終目標。儘管有些事真的不好說，但柳子駿真的很會說──他的講道我喜歡，他的溝通方式是我現在天天操練的「魔法」。推薦這本《有些事，真不好說：9堂神效溝通TALK》，放床頭，治百病；睡前看，哈哈大笑有益身心！讓我們敞開心迎接柳氏風格的有效溝通神蹟。

蔣雅淇
STUDIO A共同創辦人
暢銷作家、得獎主播

在學校教「語言傳播」時，再三叮嚀學生：你說多少，不重要；對方聽進去多少，才重要！老是要他們覆誦：

> 「有效的傳播」是──你說的，他聽進去了！（不要對著根本沒撥通的手機拚命說話）
> 「正確的傳播」是──他聽進去的，真的是你要說的！（相信我：他拚命點頭，不表示他真的聽進去了）

這些年，發現在工作中，越來越多的時間，不是在「祈禱」、「傳道」，而是在「溝通」、「協調」，並且，充滿不正確的溝通、無效的協調！都是愛主的人，理

念卻南轅北轍，堅持的似乎都有理，卻毫無整合空間！這些人，真的很難搞，這些事，還真不好說……。

可是，不好說，還是得說！越逃避，事情越複雜，拖得越久，結就更難解！但，要怎麼說呢？充滿挫折與無力！如果，這也正是您此刻的心境，鼓勵您打開手上這本書！在子駿牧師的「黑歷史」裡，您一定會大得安慰！在他透明的分享中，您將會重拾信心、找到盼望！的確，有些事，還真不好說，但是，不好說，還是得說！

> 我靠著那加給我力量的，凡事都能做。
>
> （腓立比書四章13節）

我們一起，勇敢地跨出去，再試一次，上帝加力量給您！

寇紹恩

台北基督之家主任牧師

我們的神，是說話的神。這是一件非常奇妙的事，甚至是一個奧祕，近幾年我才把這個習以為常的概念，重新思想。神為什麼以「說話」創造天地？為何耶穌可以「命令」風浪停息？

日常生活中，各樣的溝通需求，常發生以下幾種共同經驗：

#說話很有分量的不一定是老闆

#班上有位同學總是話中帶刺

#很怕跟滔滔不絕，卻毫無重點的人講話

#最常感受到被他言語暴力的，居然是最親近的人

#素人網紅的推薦，都超級POWERFUL

#連鎖餐廳的服務話術，感覺很沒誠意

#明明犯錯的不是我，老公都能理直氣壯說成是我的
錯

原來，話語就是一種能力，說話更是一種武器。溝通像是變形金剛，同一句話，因著不同處境和動機，會產生完全不同的感覺和結果。聖經上的故事更清楚說明，話語是創造、話語是命令、話語是生命的道、話語是食物、話語是力量，我稱之「話即力」（Speaking Act）。

本書作者，我的好友子駿牧師，他的思想反應速度之快，眾人皆知。有幾次服事會議的過程中，察覺他總是能快速找到重點，幫大夥兒的不同意見聚焦。面對有些顯而易見，卻不好說的事情，也可以輕鬆搞定。在這些嫻熟的溝通技巧背後，最令我感動也深自悔改的，就是看見子駿總能夠利用溫柔的態度，謙卑釋放的語氣，一種愛裡誠實，卻具有建造性的幽默感，最終歡喜收場！我知道這一切都因為他對主耶穌的認識，我們應當學習這屬天的真理，好好說話，美好生活。

弟兄們，若有人偶然被過犯所勝，你們屬靈的人
就當用溫柔的心把他挽回過來；又當自己小心，
恐怕也被引誘。你們各人的重擔要互相擔當，如
此就完全了基督的律法。

（加拉太書一章1～2節）

黃志靖
《神提案》作者
創略廣告總經理

溝通真是一門學問，你會發現，世界上發生的問題常
常都來自於溝通，你也常常聽到有人說「我不是這
個意思」，這是因為我們在溝通上面出現問題！

我相信這本書會幫助你在溝通上有極大的學習，讓
你看見男女之間、婚姻裡頭、人際交往上，以及職場和教
會中的溝通，甚至是領袖和屬下的溝通，都會有極大的幫
助！

相信這本書能夠幫助你，學會如何與人溝通，帶出安
慰和鼓勵，帶出造就，帶出勸勉！相信這本書會幫助你帶
來極大的祝福！

張光偉
新店行道會主任牧師

這本書不但給予很多實際可以運用的方法，子駿牧師也很誠實地分享牧養、生活中遇到的真實案例，同樣身為牧者很被同理，也吸取著這些寶貴經驗，重燃信心，知道在神裡面都有路走，溝通不再是難成的事。祝福每位讀者透過這本書成為溝通高手！成為周遭人的祝福。

萬力豪

The Hope教會主任牧師

時間是生命的載體，當我們將時間挹注在一段關係、一個目標之中，給出去的不僅是時間，也是生命！然而，很多人花費相當多的心力，卻未能獲得相對應的成果，十分可惜。

在我工作的場域，團隊成員來自全球各地，超過十個不同國籍。每個人性格迥異，加上內隱的文化差異，團隊要能合一前行，除了相同的信仰，良好的溝通具有關鍵影響力！

我認識子駿多年，他不僅真實敢言，在他幽默風趣的外表下，潛藏著一顆對人細膩體察、溫暖的心。他曾連續幾年在我需要的時候，付出實際的關懷行動，讓我十分感動！因此由他來談溝通，收穫的不只是知識與原則，更是他日常的真實再現！

子駿引用聖經的教導及多年牧養年輕人的經驗，為

我們理出的溝通法則，是能跨越種族、跨越世代的一條捷徑，運用在生活中，能減少在關係中因誤解而產生的衝突。

然而，彼此相愛的人，為何仍會陷落在溝通的困境中？費時耗力？聖經教導我們，要快快地聽、慢慢地說。攔阻溝通的，常是我們過去的成功經驗或個人強項，這讓我們堅持己見、不願妥協，導致溝通變得相當困難。本書中提到：「說一定要比聽少一點！」透過積極的傾聽，才能真正明白，也才能走進對方的心。而當溝通變得激烈時，運用「七個決心」，就能避免戰火升高，在和平中展開對話。

健康的關係值得你我投資，方法固然重要，成功的關鍵是連結於愛的源頭；人與人的差異固然極大，但你我都需要被尊重，都期盼被理解，不是嗎！？

積極傾聽，能夠連結心與心！祝福每位朋友，都能享受在美好關係裡的喜悅，在理解中化解衝突；在信任中同心同行；以致能在愛中豐潤彼此的生命！

謝光哲

救世傳播協會會長

神在創造人類時，很清楚地表明，那人獨居不好，所以為他造一個配偶來幫助他，之後又吩咐人要生養眾多，遍滿地面。人從起初的被造，設定的模式就是群

居，因此每個人的心中，自然產生出極深的渴望要找尋安全感，而安全感的來源就是「歸屬」。

但是我們也發現另一個事實，就是人雖然渴望群居及歸屬感，卻又常常把自己活到很孤單的境界，即使周遭充滿著很多人，那種無法連結的孤單感也令人窒息。

在本書中，子駿牧師用非常幽默又實際的例子點出溝通的重要及應該怎麼溝通才有果效，讓人看了充滿盼望又不禁會心一笑！藉由聖經裡「愛的真諦」所帶出溝通前的七個決心，讓我們看見神用祂的話語成為我們能夠一路愛到底的契機。

回顧過去十四年，認識什麼是天國文化而不再是用屬地的文化來活，驚覺裡面最大的寶藏其實就是人與人的關係。值此之際，不只是婚姻家庭需要重新面對這件事，也同時是教會及社會檢視真實關係連結的時刻，那麼這本書裡所寫，正是可以幫助你在地如在天的實際方式。我鼓勵大家都能人手一本來學溝通，彼此操練，一起來學習如何愛人！

晏信中

Asia for JESUS 共同創辦人暨副執行長

台北靈糧堂創意藝術媒體處處長

子駿牧師是我認識的所有人中最有溫度的第2名（第1名是他父親）。他貼心愛人、幽默風趣、直爽又不失分寸的親和力，實在叫人很難跟他過去的黑歷史連在一起。但神是顯神蹟的神，子駿神蹟式的改變對上帝來說，

也是剛好而已。

　　這本書跟說話有關。一個人話說得好，人生就盡都順利。但若說得不好，則前途坎坷難行！但說話不僅僅是說、還要會聽、還要能聽得明白，溝通才會順利，這件事可一點兒都不容易。所以，可能因為太多人因說錯話導致人生慘烈的結果，古人乾脆教我們要「沉默是金」，彷彿話少才是美德。但這個消極性的教導卻造成更多的人際關係瀕臨破裂，如夫妻相敬如「冰」、親子形同陌路、職場老是失意。所以，不論我們已經說了多少話，說話一定要持續自我訓練，不但不要害怕說話，還要訓練自己把話說好。

　　但訓練需要教練，子駿牧師的這本書，剛好可以成為我們的教練書。它的內容淺顯易懂、故事生動有趣，最棒的是，子駿牧師每講完一個重點，就寫了一段禱告文，讓你有機會停下來為自己禱告，反思一下，然後再往下一個重點前進。這個停頓，可真不得了，因為那正是聖靈在我們裡面工作的時刻，使我們從閱讀默想中，產生合神心意的行動。我為什麼知道會有這種果效呢？因為這本書我才讀了一半，就立刻把書放下，並傳訊息給一個同工，尋求進一步溝通的機會，因為聖靈藉這書提醒我，要選擇合一。願主祝福你在讀此書時，比我經歷更多的醫治與恩典。

馮珮

高雄福氣教會青年牧區牧師

許多人都知道子駿牧師是一位善於溝通的專家，卻鮮少人知道這些智慧養成的背後故事。

還記得幾年前的一個夜晚，我打電話向子駿牧師求救，請教他該如何處理協會夥伴之間的衝突，他很有耐心的聽著我的狀況，並一步一步和我討論可以怎麼應對，電話的尾聲，我好奇地問他：「我處理十幾二十個人的問題就人仰馬翻了，你是怎麼照顧一千人的教會啊？」

子駿牧師停頓了幾秒，給了一個令人印象深刻的回答：「我也是每天以淚洗面撐過來的！」

可想而知，子駿牧師書中所提的溝通原則，絕不只是他在象牙塔中獲取的學術知識，而是在這些年帶領著形形色色的眾多會友，經歷了各樣高山低谷所寫下的實戰經驗；除了分享溝通技巧的實際做法與表面問題，他更提出我們在人際關係上的根本議題，帶出由裡到外的真實改變。

無論我們想或不想，每個人每一天在家庭、友誼、職場、甚至是面對陌生人，都在進行各樣的溝通。而當我們的溝通更有效益與溫度，它所帶來的改變就會連帶改善生命中的每一個環節。因為最終決定生活幸福與否的關鍵，不是取決於我們做了多少事，而是來自於身旁的每一段關係。

楊右任

舊鞋救命國際基督關懷協會創辦人

自序
往更好的自己邁進

　　我是家裡唯一的小孩，在成長過程中比一般人孤單，加上當時爸媽工作忙，很少陪在我身邊。我父親在我小時候是職業軍人，兒時的印象裡，每隔好幾個月才能見到他一次；媽媽當時在外商公司工作，通常都需要加班到很晚。我記得家裡附近的公車站牌上方有一座天橋，我有個鮮明的回憶：就是我獨自站在天橋上，看著每輛開過來的公車，巴望著載著媽媽回家的公車出現，只要看到媽媽走下公車的身影，我就會衝下天橋去接她，這就是我的小時候，似乎「孤單」、「獨自」成為我兒時記憶大數據中的關鍵字。

　　因為爸媽的狀況，我小時候是被我外公、外婆帶大的。外公、外婆都是聾啞人士，原因是他們小時候生病發燒，又遇上當時台灣醫療情況不佳而延誤就醫，導致他們年幼失聰，而我都是用我的破手語跟他們溝通，到如今仍是這樣。阿嬤現在九十幾歲了，因著從小把我撫養到大的緣故，我和她之間擁有相當深厚的祖孫情。

　　在這樣環境下長大的我，說話與社交一直是我很需

要去克服的難關。因為與人互動的機會很少，加上自卑感作祟，我在學校裡就一直是個很被動的存在，不敢跟人搭話、不敢與人互動，更不用說站在台上對眾人說話了。雖然這與你們如今在網路媒體上看到的我天差地遠，但我說的都是真的！高中的時候，有次學期末，我有個同班同學還跟旁邊同學說：「今天是我第一次聽到柳子駿說話！」

當然，上大學、出社會後，或許也是因為在教會服事多了，接觸的人也多了，我確實不會再像以前那麼害羞膽小，但衍生出來的問題也沒有更好，因為我發現我的脾氣和情緒控管出了問題。或許你有聽過，自卑的人會為了隱藏內心的自卑感，而展現出一種先發制人的驕傲，來掩蓋心中那怕被人察覺的自卑心，我承認這100%就是我的寫照，這幾乎是我服事初期個性最大的致命傷，毫無掩飾，一覽無遺！同工不是被我氣走，就是被我兇走，因為我害怕溝通，所以選擇先罵別人，先讓他們沒有反駁的機會，若這時還有人想解釋或反駁，我就會更生氣。當時的我，只會用「上對下」的角度來要求別人，互動中也只能容許別人聽我的，完全用情緒化的方式來表達我心中高漲的氣焰，嚴重缺乏理性的溝通。如今回想起來，我當時還真難相處。前陣子才有個同工回想當年的我：只要我生氣，就可以把他當空氣置之不理，不溝通、不互動，連眼神都不跟他交會，當他如此回憶時，當下我巴不得找個地洞鑽進去，真的很丟臉！

說了那麼多來拉黑自己，其實只是想表達一件事，當出版社找我出一本有關溝通的書時，我就陷入沉思，回想我這一路走來，到底是如何變成一個可以教導人如何溝通的作家？其實我很想建議閱讀這本書的讀者，如果可以，**先閱讀一下Chapter 9**，因為我想，若連一個有著「慘不忍睹的過去」的溝通白癡都能出書與你分享這段路程的點點滴滴，就代表你再慘也慘不過我，再白目也白目不過我，這本書的內容堪稱是一段神蹟之旅，真實地見證了聖經的應許——在神凡事都能！

我一直很喜歡使徒保羅的一段話：

弟兄們，我不是以為自己已經得著了；我只有一件事，就是忘記背後，努力面前的，向著標竿直跑，要得上帝在基督耶穌裡從上面召我來得的獎賞。　　　　　　　　　　（腓立比書三章13～14節）

這句話是我天天激勵自己的話，當你閱讀這本書時，這句話也是我想鼓勵你的話，我們都不要覺得自己已經得著了，反倒是我們正在「往更好的自己邁進」。我們共同期盼今天要比昨天更會說話、明天要比今天更勇敢表達，下週要比這週更知道怎麼說有智慧、對方又能接受的話。對你自己宣告，停止再控告自己的過去，停止再為說錯的話懊悔，一邊讀一邊「忘記背後、努力面前」，祝福你讀

完這本書後，你的人際關係、家庭關係、職場關係，一定
會比讀之前更靠近標竿！

開場

— 關於 PAC 理論

— 從我的黑歷史談起

當年，我真的說了很多不該說的話，例如：
「走了就不要再回來」之類的電影台詞。

在談到我慘痛的過去之前，先介紹一下我的背景：可能很多人都知道我是復興堂的主任牧師，浸信會神學院道學碩士畢業的，但比較少人知道，我其實有另外一個「諮商輔導」碩士學位。

我全職服事將近二十年，在處理夫妻衝突、親子溝通或同工間不睦的過程中，初步會談了解狀況後，都會告訴他們進行會談的「小規定」，並要求他們遵守（雖這算不上正式的諮商，只是與牧者協談，但假如我時間上允許，我都希望他們不只來一、兩次，在輔導過程中，若少了一點儀式感，往往成效不彰）：

第一、保密

會談中的談話內容，就留在會談裡，他們分享的心事，我保證絕不外傳，也讓他們知道牧師我所分享關於我的故事，也不希望他們去向他人亂轉述。（本書所使用的對話和案例，都已經用化名或改編處理，並不是真名和完整事件。）

第二、盡可能留到會談時再吵架

這大多發生於夫妻協談的狀況，我都強烈建議他們生活中若遇到想「大聲溝通」（簡稱吵架）的時候，盡可能忍到來找我時再吵。很多對夫妻起初對這項規定感到困惑，但事後都表示，這是一項德政，挽救不少他們過不去

的衝突，這部分在之後的章節裡會提及更多。

第三、建議先分開談

　　如果雙方都願意改變，願意為著雙方的關係而努力，就會建議分開談，先一對一個別處理。這個就精彩了！我常常會聽見同一件事卻有兩種以上的版本，且每個版本都能差到十萬八千里，舉個例子：

例一：

我曾與一對母女個別談話……

母親版：「我女兒超級喜歡跟我聊天的，我們只要在一起，就有聊不完的話。」

幾天後，我與女兒會談……

女兒版：「我真的受夠我媽了，她每次只要一講話，就沒有我講話的份，她需要的是人形立牌，而不是真人，因為她從來不讓我有講話的餘地。」

例二：

我曾與一對夫妻個別談話……

妻子版：「我覺得他根本不願意溝通，我們的相處已達到冰點，我問什麼他都不回，每天回家只會擺臭臉。」

幾天後，我與丈夫約談……

丈夫版：「我每天累得跟狗一樣，一回家她就開始
跟我討論無關緊要的瑣事，那些事跟我
在公司處理的業務比起來，真的就沒有
那麼嚴重，我請她自己決定，她就數落
我一頓，說我不理解她。」

這兩個場景是否似曾相識？無論是親子間、夫妻間、
同事間、職場主管與員工間，甚至教會牧者與會友間，都
有一堆溝通上的問題，有時甚至不是不溝通，而是越溝越
不通。若我們只是想達到「快速」、「立即性」的效果，
而強加自己的意見在對方身上，反而會造成更多反效果，
這就像你用不對的產品去解決排水孔或馬桶不通的問題，
到頭來不但沒有通，還可能堵塞得更嚴重。

這也是打罵教育底下產生的普遍性問題，尤其有些社
經地位、知識水平較高的父母，因不想花時間慢慢傾聽小
孩的心聲，或不想多費唇舌與小孩「耗時間」，便選擇了
最快速、最低時間成本的方式：先打下去、罵下去再說！
雖說目的達到了，孩子不吵了，但關係也沒了，日後還得
額外花更多的時間去修補破裂的關係，甚至需要讓孩子進
行內在醫治的禱告服事，才能慢慢解開其心中這些累積的
傷痛。

∷∷∷∷∷ 關於 PAC 理論

　　為什麼我一開始先跟你提到理論？因為跟我的故事很有關，我發現溝通時沒有意識到自己的問題，或是沒有發現核心問題的情況，在我們作牧師的身上，情形更為嚴重。或許長久以來，對牧者的定位，就型塑了一個上帝代言人的角色，每週來聽牧師講道、解經，以及對聖經理解的權威形象，加上教會制度面的組織管理方式，其實要使每一個會友的意見都被滿足也不合理，久而久之，就衍生出「做就對了」、「順服就對了」的互動模式，只要會友提出建議，馬上就會被扣上「不順服」的帽子，我觀察到這種神聖不可溝通的氛圍，或是光用「上對下」的方式溝通互動，是新一代年輕人離開教會的重要原因之一。

　　這讓我想到心理學談到的一個典型的溝通理論——<u>人際溝通分析法（**Transactional Analysis Psychotherapy**），簡稱 **TA** 治療</u>，這個治療法最早由心理學家艾瑞克・柏恩（Eric Berne）在 1958 年的美國心理治療期刊（The American Journal of Psychology）上發表出來，之後他的兩本著作《人間遊戲》（小樹文化出版）、《人生腳本》（小樹文化出版）將此治療學派發揚光大。早先幾年，當這個心理分析法流行到台灣的時候，坊間有無數關於這類的書籍大行其道，在台灣的助人工作界還紅了好多年，甚至當年醫護人員、輔導人員、社工都使用這套 TA 治療的技術。

猶記得在我學生時期，連哈佛企業顧問公司、專門訓練工商企業人士的機構，都有以這個治療學派開設的訓練課程。

國際溝通分析協會（International Transactional Analysis Association，ITAA）給 TA 治療下了一個清楚的定義：「TA 是一個人格理論，及一種針對個人的成長和改變有系統的心理治療法。」它本身是一個人格理論，意思就是，它適合用來更多了解人行為背後的動機。而「溝通」二字，更點出這個理論的主要概念，當人在與他人互動時，若能更多了解對方的人格特質，對彼此的溝通過程與果效會帶來非常健康的影響。

在 TA 治療法裡面所使用的溝通模式，「父母－成人－兒童理論」（**Parent-Adult-Child**，簡稱 **PAC**）算是最經典的發現，也是最廣泛運用於實際操作的理論。柏恩為它下了一個定義：「人在溝通時，會在思想和感覺中產生一個系統，透過相對應的行為模式呈現於外。」我們以下方圖示來說明清楚：

P 父母模式（**Parent**）

A 成人模式（**Adult**）

C 兒童模式（**Child**）

PAC 理論發現，與人互動的過程就是一個人刺激，另一個人反應，而針對這個反應又會產生新的刺激，並引起其他反應的過程，且這些刺激和反應包含了語言和身體的線索，例如：

父母模式（P）：搖頭、皺眉、令人害怕的臉色、手交叉胸前、嘖嘖聲，會說類似「你不能⋯⋯」「你要記住」「你絕對不能⋯⋯」「我告訴過你多少次⋯⋯」等等的話。

成人模式（A）：表情上比較類似傾聽，眼睛和身體都會不斷運動，專注當下所呈現的自然反應。語言表達上，成人模式比較是在處理資料和客觀分析，最基本的詞彙包括：「為什麼？」「何時？」「多少？」「我在想⋯⋯」「會不會有可能⋯⋯」會比較以意見推想，而非一口咬定事實，比較是成人模式的反應。

兒童模式（C）：流眼淚、發脾氣、音調提高、目光朝下、大笑、咬指甲、坐立不安，然後話語會出現類似：「我希望⋯⋯」「我不管⋯⋯」「我猜⋯⋯」偶爾會有一些取悅或討好的字眼，有時還會出現一些最高級的形容詞，例如：最大的、最最最厲害。

PAC 理論發現，人際溝通只要是平行線時，兩個人刺激與反應其實是互補的，能夠持續長久互動下去，並不會有什麼太大的問題，請看以下舉例：

父母模式－父母模式

· **丈夫（P-P）**：小孩就是欠管教。
· **妻子（P-P）**：唉，年輕人真是一代不如一代。

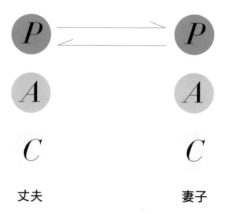

丈夫　　　　　　　　　　妻子

成人模式－成人模式

- **女兒（A-A）**：妳最近看起來似乎很累？
- **母親（A-A）**：是啊，我發現我的體力好像不像
  之前那麼能夠熬夜加班了。

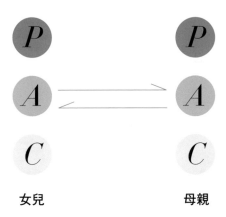

女兒　　　　　　　　母親

兒童模式－兒童模式

- **爺爺（C-C）**：我把妳的假牙藏起來了，哈哈。
- **奶奶（C-C）**：那我今天中午就不煮飯，看你怎麼
  餓死。

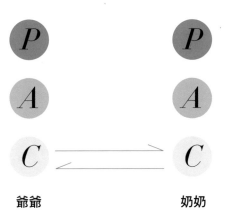

爺爺　　　　　　　　奶奶

父母模式－兒童模式

- **丈夫（P-C）**：千萬不能讓女兒跟那個男的交往，工作差、家境又不好，我們要堅決反對。

- **妻子（C-P）**：你說得太好了！

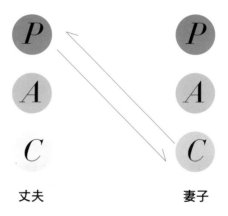

丈夫　　　　　　　妻子

兒童模式－成人模式

- **母親（C-A）**：我真是一個超級失敗的媽媽，做什麼都沒辦法讓家裡氣氛變好，我真的好挫折。

- **女兒（A-C）**：媽，不是這樣的。最近因為我工作忙，比較少時間顧家裡的事情，讓妳有這種感覺，我下個月就會好一點，我們一起來努力。

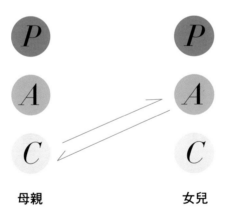

母親　　　　　　　　女兒

成人模式－父母模式

· **會友（A-P）**：牧師，我來到教會是想要學習成長的，很需要有人跟我說真話，請牧師常常提醒我。

· **牧者（P-A）**：你要記住，神的話是唯一的答案，每天讀經成為你固定的生活習慣，你就會成長。

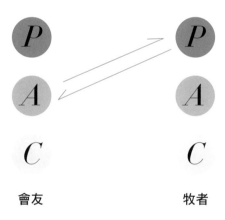

會友　　　　　　　　　牧者

以上就是平行的人際溝通，這類型一般統稱「你好，我也好」（I'm ok, you are ok!），其溝通達到一種平衡的狀態。然而，這個理論也發現，當雙方的溝通發生交叉時，溝通就會停頓或惡化，舉幾個例子：

- **會友（A-A）**：牧師，我想跟你討論上次你提出的那個計畫，我有不一樣的想法。
- **牧師（P-C）**：誰准你這樣說話的？請注意你的態度！

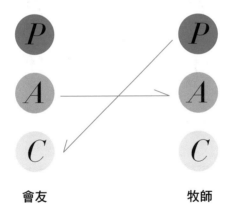

會友　　　　　　　　牧師

　　當會友是用成人與成人互動的角度，想要找牧者講話，牧者卻習慣用父母對孩童，近乎上對下的口吻回應，便易產生會友不願再與牧者溝通的後果。若在上位者只想聽到順服的意見，其他有想法的人會開始漸行漸遠。

- **妻子（P-C）**：我告訴你，從小到大沒有人可以這樣對我講話，你算老幾？到底在兇什麼？

- **丈夫（P-C）**：這個家是誰在賺錢？誰在養家？我都沒有跟妳算這些，還敢跟我大小聲？

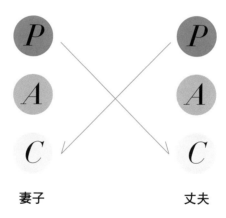

妻子　　　　　　　　　　丈夫

　　這是吵架的典型模式，夫妻雙方都各以為自己有理，並且用謾罵的方式面對對方，沒有想聽對方要說什麼，只把自己想講的講完，雙方各說各話，無法達到真正的溝通。

- **小組員（C-C）**：今天小組可不可以不要這麼無聊，大家出去聚餐吧！好久沒有聚餐了！
- **小組長（P-C）**：你鬧夠了沒？聚會可不是說停就停的，出去玩慣了，心很難收回來的。

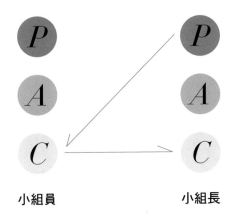

有時組員也會用可愛的方式，或是自以為輕鬆的方式對話，這都無傷大雅。但是若認真就輸了，這時候若可以用同樣輕鬆的方式應對，便能達到不錯的效果。但這種對話的模式，也可能出現在成年人的夫妻關係裡，如果雙方都用幼稚的氣話溝通，不見得是一件好事，可以參考下面一組的例子。

- **小組長（C-P）**：我就是不想服事，我恨透了這裡的一切，我什麼都不想要了。
- **牧師（C-P）**：好啊好啊，那我也不要服事了可以了吧！這樣你高興了嗎？

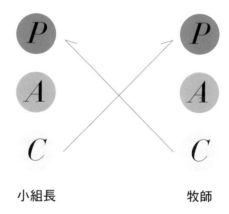

小組長　　　　　　　　牧師

　　這就是典型的幼稚、耍賴型的對話，雙方都知道對方的弱點，卻選擇用不理性的方式對話，無論是氣話也好、「擺爛」也罷，這類的對話最後都會不歡而散，且火藥味十足。

:::::::: 從我的黑歷史談起

有一天，我從自己身上發現，原來我活在兒童模式這麼多年，但也因為這個發現，才開始有機會長大成人。

記得剛開始在教會的青少年事工全職服事的那段時間裡，教會陸續幾年送了好幾位（若我沒記錯，應該有五位）進入神學院深造，想栽培這些同工，回到復興堂成為好牧人（短短幾年中，送了五位，幾乎一年一位，算是看重投資下一代的教會）。不料事與願違，第一位說畢業後神感動他到別的教會服事，還說什麼「讀了三年，發現自己的異象和復興堂不一樣，卻跟那間教會牧師的異象很一致……」聽完這些話，我真的完全無法控制心中怒火，想說：「栽培你這麼久，只是念個神學院怎麼變成這樣？」當年，我真的說了很多不該說的話，例如：「走了就不要再回來」之類的電影台詞。

第一個離開得這麼「腥風血雨」，接下來的二、三、四和五位，大概也發現了我的幼稚和不成熟，雖然都還在教會實習，心中卻已開始醞釀想要走的念頭。等到神學院三年一畢業，走的走、逃的逃，沒有一個想要留下來「跟我」一起服事。

接下來幾年中，我非但沒有發現自己的問題，還把自己內在幼稚的孩童，包裝在滿口仁義道德的「父母模

式」裡，嚴格、掌控、權威、得理不饒人等等性格裡的黑暗面，一一在溝通上顯露無遺，周圍的人被我傷得體無完膚，要嘛留下來的人遍體鱗傷，不然就是帶傷離開，撕破臉收場。

要不是多年前的一個晚上聖靈光照我，我可能到現在都被蒙蔽在一片黑暗中。我記得那天在我辦公室，突然在我預備禱告會信息時造訪我，那天聖靈帶著我一個個看、一幕幕回想那些被我的言語傷害的人，他們是多麼痛苦和心碎，我的心也碎了！

聖經中有提到，話語的傷，如刀刺人（參考箴言十二章 18 節），原來，我是一個這麼糟糕的人，我非常自責自己所做的事和所說的話，對自己曾經說出的那些話語懊悔不已。有些話當你發現再也收不回來的時候，是一種十分絕望的痛苦，好像自己再怎麼用力趕到月台，當天最後一班的高鐵卻仍恰好開走一般。

在本書的一開始，我用自己的黑歷史作為開場，看似不是那麼光彩，但我想，也剛好見證了一個本來說話那麼幼稚傷人的人，如今居然能夠出一本書，跟你分享怎麼與人建立關係、有更好的溝通，這不就正好呼應使徒保羅給我們的提醒：

祂對我說：我的恩典夠你用的，因為我的能力是在人的軟弱上顯得完全。所以，我更喜歡誇自己

的軟弱，好叫基督的能力覆庇我。

（哥林多後書十二章 9 節）

　　自責只會更糟，了解就開始踏上改變之路。PAC 理論中有幾個關於幫助我們如何建立「強壯的成人」的方法，我也希望你從閱讀這本書的過程中，能夠更認識自己，進而改變過去無效的溝通方式：

1. 認清自己的「自我狀態」
   - 現在是用「成人模式」在對話嗎？必要時從一數到十，讓「成人」有時間分析資料，快快地聽、慢慢地說。
   - 為什麼我會選擇用「兒童模式」？我的弱點和恐懼是什麼？我誇張的用詞中，想要表達的內在需求是什麼？
   - 為什麼我會選擇用「父母模式」？聽我講話的人，他們有什麼反應？這種說話方式和內容，真的能達到預期的效果嗎？
   - 先把自己當下的狀態搞清楚。
2. 認清對方的「自我狀態」
   - 當他用「成人模式」時，我是否也用「成人模式」回答？
   - 當他用「兒童模式」時，他的弱點和恐懼是

什麼？我如何安撫那個「兒童」、保護他、給他安全的說話環境？

- 當他用「父母模式」時，對方的堅持、忠告是什麼？他選擇用這種方式的背後動機是什麼？

  記得監聽內心的對話，不須對外界過度反應。

- 相信每個長大成人的個體，都有能夠適當應付現實的潛能，不要放棄，不急著講話，也是一個成熟的表現。

希伯來書五章 13 至 14 節說：「凡只能吃奶的都不熟練仁義的道理，因為他是嬰孩；惟獨長大成人的才能吃乾糧；他們的心竅習練得通達，就能分辨好歹了。」正如這段經文鼓勵我們的一樣，或許我們過去慣用的一些溝通方式已經養成多年，但由於不熟練真正有效的溝通技巧，所以常卡在兒童式或上對下的對話互動裡。而日子越久，當我們身處的位階越高，也就越難發現自己的盲點，反而在人際關係中吃了很多沒有必要吃的虧。透過這本書，讓我們一起學習長大成人，可以吃得進乾糧，也就是可以聽得進去建議，在閱讀中一步步邁向「長大成人」的道路。

PART 1 我們的關係
怎麼了？

Chapter

1

你困在畢士大的
池子旁嗎？

很久以前，教會裡有個姊妹常常打電話到教會來，
所有傳道人一聽到她的聲音都避之唯恐不及，
因為她每次都起碼要講個半小時或一小時⋯⋯。

人是可以改變的，只是我們不願意，常做出繼續把自己困在自我設限的框架中，而錯過能夠更多改變生命的機會。

將生命限縮於無法突破的牢籠有一個外顯跡象——總克制不住想去批評別人、定義別人、貼別人標籤、臆測別人想法的欲望。然而，學習溝通的第一步，卻是「只說出觀察」，也就是不帶任何主觀論斷地看到什麼，就具體說出看到了什麼，往往在這樣做之後，便較能抑制那些想論斷他人習性，迎來改變關係也將自己帶離困境的起點。印度一位哲學家克里希那穆提（J.Krishnamurti）也說：「不帶著評論的觀察，才是人類智力中的最高形式」，當我們渴望夫妻關係、親子關係，以及各樣人際關係經歷突破的同時，我邀請你先這樣為自己宣告：

神啊，求祢打破我，

我的盼望常常被仇敵限縮，

總覺得他人「就是這個樣子」。

求祢打破我的既定觀點，

重新把那「使人有盼望」的盼望放在我裡面，

讓我不再帶著過去的傷痕、原生家庭的傷害

來看待周圍的人。

我承認我對周圍的人都不信任，

我到一個教會又換一個教會，

到一個小組又換一個小組，

我參加哪個團隊就對那個團隊有意見。

神啊，求祢救我，一定要幫助我！

求祢來光照我生命中的黑暗，

讓我發現也許這不完全是這些教會、這些小組、

這些團隊、這些我批評過的人的問題。

求祢幫助我，

讓我不被困在某些盲點裡不斷貼人標籤，

使自己走不出那條能得醫治的道路。

我私底下也常為這樣的人禱告，願他們有一天能真實經歷從上帝來的盼望和同在。

> 將生命限縮於無法突破的牢籠有一個外顯跡象——總克制不住想去批評別人、定義別人、貼別人標籤、臆測別人想法的欲望。

誰才是最難相處的人？

現在，我們這就來看看當年發生在畢士大池旁的一段故事：

> 這事以後，到了猶太人的一個節期，耶穌就上耶路撒冷去。在耶路撒冷，靠近羊門有一個池子，希伯來話叫做畢士大，旁邊有五個廊子；裡面躺著瞎眼的、瘸腿的、血氣枯乾的許多病人。（有古卷在此有：等候水動；因為有天使按時下池子攪動那水，水動之後，誰先下去，無論害什麼病就痊癒了。）在那裡有一個人，病了三十八年。耶穌看見他躺著，知道他病了許久，就問他說：你要痊癒嗎？病人回答說：先生，水動的時候，沒有人把我放在池子裡；我正去的時候，就有別人比我先下去。耶穌對他說：起來，拿你的褥子走吧！那人立刻痊癒，就拿起褥子來走了。
>
> （約翰福音五章1～9節）

「在那裡有一個人，病了三十八年。」（約翰福音五章5節）當耶穌走近畢士大旁的癱子，查看了那癱子的病情，便問他：「你要痊癒嗎？」（約翰福音五章6節）此時請你想像一下，若耶穌正站在你身旁，問你身上的傷要不

要痊癒，你會怎麼回答呢？當你感冒去看醫生，醫生問你要不要好起來，你總不會回答「醫生，不好意思沒關係，我今天只是來看看你而已」吧？正常人不可能這樣回答吧？去診所看醫生的目的就是為了讓感冒痊癒呀！但這畢士大池旁的癱子卻「與眾不同」，他這樣回答耶穌：「**先生，水動的時候，沒有人把我放在池子裡；我正去的時候，就有別人比我先下去。**」（約翰福音五章7節）唉，你從這裡可以看見人真的是可以改變的，但從這個癱子的例子可以看到，我們都需要先停止找藉口，而癱子的這段回覆，也剛好揭示了我們最常見的兩種藉口。

常見藉口一：「我沒有啊！」
常見藉口二：「就是他啊！」

常見藉口一的基本展現大多是：「我沒有他聰明、我沒有他會帶小組、我沒有他成績好、我沒有背景……」而常見藉口二則是：「就是他啊！他比我先的啊、他比我瘦……」不知這些話是否讓你感到很熟悉呢？

這幾年，上帝讓我有機會到一些地方分享關於「如何做青少年事工」。有次在結束某個城市舉辦的幾場聯合性講道後，得到一個能與當地牧養年輕人的傳道和牧者交流的機會。雖這類場合我參與過多次，但關於那天不太舒服的對話，直到今日我仍耿耿於懷。

首先發難的是一名較年長的牧師，沒說幾句就高談闊論了起來，表達他對時下年輕人的看法，其實他提出的也不難想像就是那些（唉！當下應該送他我的第一本書《你吃的鹽跟我吃的飯不一樣！》），這些言論起先我還能「傾聽」並給予高度同理，但漸漸地我就沒那麼舒服了。

　　他說：「柳牧師，你剛剛在台上講得都很好，但我想讓你知道，你可能不清楚我們這地區的實況，我們這裡是全國最難做年輕人事工的地方，可謂是青年事工的沙漠！不像你們台灣，年輕人又聽話又順服，又沒有補習壓力，基督徒父母也都非常支持，你們當然做得成功啊！」哈囉？我沒聽錯吧？台灣年輕人又聽話又順服，又沒有補習壓力？基督徒父母也很支持？我真的沒聽錯嗎？他可能不知道自己在說的是宇宙中不存在的星球物種吧！

　　況且，在這個城市裡就有不只一個非常火熱的青年事工，每週都有好幾百人參加，我還曾去過其中一間教會分享，且那個教會的地點與這位牧師的教會，僅相距不到幾公里的車程。所幸當天我有按捺住怒氣（是用極力壓抑的那種力道），於是我仍然輕輕又溫柔地說著：「是喔，辛苦了，怎麼會這樣？」但我的白眼已經翻到後腦勺了！

　　請不要誤會我覺得做青少年事工是件容易的事，我反而覺得應該是數一數二地難，但若是我們只會找藉口、放大問題，我們自己就會變得很難相處，最後落得就算再有耐性的人也不願告訴你真心話，損失的還是自己。

我常聽到有人說：「這件事有其他人可以來做嗎？他比我厲害啊、他比我優秀啊、他這樣啊、他那樣啊……」當我們問考不好的學生：「為什麼成績不好？」通常他們想都不想就說：「因為老師不會教」「班上沒有讀書風氣」；去問一個時常搞外遇的男人：為什麼要去找小三？他眼睛眨也不眨一下就回你：「啊你怎麼不看看我老婆長怎樣？」

如果這麼不願意改變，就會讓跟你相處的人很無言。凡事都只會怪別人，難道從來不覺得自己也可能需要改進嗎？

我們回頭再看看畢士大池旁那個癱子的回覆，其實我們都心知肚明，他最需要的是立刻「得痊癒」，不是藉口、不是理由，就是「改變」。常發現很多基督徒在教會學了很多道理，內心卻不想改變，只會找盡藉口卻不付諸實際行動。我也聽過不少基督徒推託改變的理由是因為有「屬靈爭戰」，事實上，哪來那麼多屬靈爭戰？魔鬼躺著也中槍，總之，面對這些人實際的問題，要去做的頭一件事就是──改變自己。

不改變自己的人，往往是最難相處的人，而那個最難相處的人，會不會就是你自己呢？會不會你身邊的人都忍你很久了，你卻渾然不知？遇到問題的時候，你是不是只會找藉口的那位？總是批評這個，抱怨那個，反正一定責任不在己！此時此刻，捫心自問，也認真地跟神坦承：

該是時候改變了！

很久以前，教會裡有個姊妹常常打電話到教會來，所有傳道人一聽到她的聲音都避之唯恐不及，因為她每次都起碼要講個半小時或一小時……。

當時我還是教會裡最年輕的牧師，恰巧又有諮商背景，所以教會只要接到她的電話都會轉來給我，他們都認為我最有辦法，所以我只好一直接她的電話。

有一天她打來，我如常接起電話（因為總機轉給我時就已經知道是她，我就深吸一口氣）：「姊妹，牧師今天只有五分鐘，時間很有限，妳今天要講什麼嗎？」

「好，牧師……我有一個問題。」（用0.5倍的慢速）

「好，趕快講，只剩四分半。」

「牧師……你這樣我會緊張。」

「不要緊張，妳沒有什麼問題。」

「牧師……我有……一個問題。」

「我知道！妳趕快講。」

「牧師……我……我不想讀聖經，怎麼辦？」

聽到這裡，我覺得我瘦不下來也不能怪我，裡面太多氣排不掉……又不能直接罵回去，所以氣就累積在裡面，這樣我怎麼瘦得下來？（哇哈哈哈）

「姊妹，剛好我也不想……。」（誠實講，牧師們也不是每天眼睛睜開就一直說：「喔……我要讀聖經，我好想讀聖經，我迫不及待要讀聖經……」對吧？）

那位姊妹聽到我的回覆，愣住了，於是繼續問：「牧師……那怎麼辦？」

當下我心裡默禱著：「主啊，我要說些什麼？這些人總是給我出難題！」

突然間，我好像「聖靈充滿」！我說：「姊妹，請妳現在去拿一本聖經過來。」

「牧師……」

「不要再牧師了！去拿一本聖經過來！」

不曉得她是不是住在豪宅裡，拿個聖經竟然拿了三、

五分鐘，讓我有等到天荒地老的感覺……好不容易，她回來了。

「姊妹來，把聖經打開，從中間打開。」

（也就是詩篇的位置，我很擔心她會亂翻，翻到「猶大上吊死掉」那段經文，我也很難收拾善後。）

「中間？」

「對，中間就是中間！」

（我真的已經不知道該怎麼跟這位姊妹解釋了，中間就是中間呀！）

「就是這一本的『中』『間』！請現在給我打開！看到什麼就唸什麼！」

「唸……哪裡？」

「妳現在看到什麼字就唸那裡！」

其實，我也忘了她後來唸了什麼，好像有唸到什麼「耶和華作王直到永遠」吧？

我記得她才唸完一節，我就大喊：「停！」

「姊妹，妳有沒有發現自己在做什麼？」

「嗯？我……我在讀聖經啊！」

「對呀！妳已經開始在讀聖經了啊！那妳今天打來的問題是什麼呢？」

「嗯……嗯……我不想讀聖經。」

「那妳現在不是就在讀聖經了嗎？妳真棒！」

　　我提起這段往事，不是叫你等一下去打電話給你的牧師，我想說的是，生命不是不能突破，只是我們太會找藉口了。當神問畢士大池旁的癱子要不要痊癒時，我常也覺得神同時也在問我同一個問題。當你禮拜天在教會聽主日信息，不管是實體還是線上，神都在問你：「孩子，你想不想要突破？」如果你想學習好好溝通，你會想要改變你的說話方式嗎？還是你想要繼續被限制在過去的認知，然後停滯在那裡？如果你不選擇改變，總覺得是別人的問題，就會把彼此的關係限制住，且不斷在同個衝突裡循環，無法脫身。現在，神正在問讀著這本書的你：「你想要痊癒嗎？」讓我們一起坦然無懼地宣告：

不管是實體還是線上，
神都在問你：「孩子，
你想不想要突破？」

神，我要，我要改變。

我要看見，看見生命當中讓我不良於行的問題，

看見那個困在畢士大池旁三十八年的問題，

我要突破。

　　這次我想以「溝通」當本書的主題，是因為生命中的問題，十個中有九個是因為說錯話造成的。因為說錯話，讓事情變得一發不可收拾。不知你是否有在說錯話後很想打自己的經驗？後悔當初對父母說了過分的話、後悔當年對孩子說出傷人的話，然後就陷入悔恨的情緒中難以自拔。我非常明白這一點，因為我也是一個說話很快、很衝的人，我也常常陷在自責的情緒中，很難原諒自己，也很想一走了之。這個故事其實還有一個重點想要告訴我們，**就算你仍陷在那「三十八年的悔恨」裡，神仍要給我們機會，祂要來醫治我們**，這就是我們所信的神，祂永遠願意幫助我們。

　　關鍵就在於，只要你開始行動，就會開始改變！當那癱子講完他的藉口，耶穌並沒有對他的藉口起任何反應，也沒有想要給這些藉口任何發揮的空間，更沒有對那些困住我們的藉口給予任何耐心和同理心，祂唯獨說了這

句話：「起來，拿你的褥子走吧！」（約翰福音五章8節）耶穌根本不在意他的過去，也完全勝過多年來的限制，耶穌相信的是：該是時候改變了！

「起來，拿你的褥子走吧！」這一句話，也是畢士大池旁的癱子生命改變的開始。耶穌也正在對你說：「起來！」祂也要你拿起你的褥子，離開多年來你一直躺著的那塊地方，是時候了，你應該要起來，往前走了！

我用聖經的這段故事成為本書的Chapter1，就是想要鼓勵正在讀這本書的你，從現在起，跨出你多年來的說話模式吧！也許目前的說話模式是你長久以來的習慣，或是你的生命正被某些不健康的觀念限制，又或是你也搞不清楚為什麼人際關係一直出問題，甚至你早就被別人貼上標籤，因你已經帶給周圍的人不舒服的感受好一陣子了。但不論如何，當耶穌叫你「起來！不要再停留在那塊褥子上」時，試著也對你習慣的說話模式宣告：「起來！」停止重蹈覆轍，勇敢起來改變，我相信當你開始行動，你跟人的關係就會開始經歷神蹟般的突破。

░░░░░░ 跨出你沒用過的那條腿

或許很少人知道我的本性是很害羞、容易緊張的，我想，從社群媒體或網路事工上認識我的人很難想像我的個性本來是這種人吧！其實，當初接下《今天不講理》（「好消息電視台」網路節目）主持人的時候，我非常掙扎，而且這個節目是「好消息電視台」第一個原生的網路節目，坦白說，不只在他們找我拍攝時我感到掙扎，甚至到現在我都還不習慣面對鏡頭，更不喜歡人家稱我為「網紅牧師」。

第一次拍攝，我就被帶到台北東區的街頭上，第一集的企劃團隊，居然要我站在路邊讓路人問問題，而且完全是「直球對決」的狀況，完全沒有給我反應的時間。那一天下來，我覺得自己好像打了一場硬仗，路人、非信徒，對牧師的疑問都是「同居議題」、「同志議題」、「婚前性行為議題」，如此連續轟炸下來，我根本已經招架不住了，後來跟製作單位的人溝通時，一個不小心我整個人情緒失控爆掉了！

我知道我臉皮本來就薄，街訪又正對上我容易緊張的個性，導致我才拍一集，就想打退堂鼓，不想再拍下去。我好幾天都陷入低潮，覺得製作單位在整我，我幹嘛蹚這灘渾水？我好好的牧師不做在這裡幹嘛？你知道的，當你不想做一件事時，就會有一百個逃跑的理由拒絕跨出舒適

圈，就像這個癱在畢士大池旁三十八年的癱子一樣，哪裡都不想去、什麼都不想嘗試。

當時我向神哭訴了好幾天，直到神讓我想起，當初要答應接下這個節目，決定和團隊一起做媒體宣教時，神給了我一段經文：

> 要擴張你帳幕之地，張大你居所的幔子，不要限止；要放長你的繩子，堅固你的橛子。因為你要向左向右開展；你的後裔必得多國為業，又使荒涼的城邑有人居住。不要懼怕，因你必不致蒙羞；也不要抱愧，因你必不致受辱。你必忘記幼年的羞愧……。　（以賽亞書五十四章2～4節）

於是我好像懂了什麼，神從來不是要把我放在溫室中，然後教學突破，神常常把我放在挑戰中，讓我學會勝過。當你在看《今天不講理》中，我又去訪問誰或又被哪群人提問的那幾集時，如果你很滿意我在節目裡的回答能力或表達能力，或是你也很想學習我這舉例王的臨場反應，你只要記得這句話：「不用等到很厲害才開始，要開始了就會很厲害」，開始放手去跨出舒適圈吧！因為我曾經也是那個不想拿起褥子起來行走的癱子。

前陣子，我讀了孔毅老師的《贏在扭轉力》，我看到裡面有五個重點非常提醒我：

1. 做事態度，應從交差了事，轉爲解決問題。

2. 學習方法，應從被動受教，轉爲主動求教。

3. 表達方式，應從被動回答，轉爲主動建議。

4. 與人互動，應從向不如己者吹噓，轉爲向勝己者請益。

5. 學習專業，應從膚淺會做，轉爲深入學通。

如果真的想要改變，也要懂得去跟能幫助自己進步的人相處、互動、請教。如果你只在同溫層裡抱怨孩子，你跟小孩的關係絕對不會有突破；只在同溫層裡抱怨爸媽，對你跟父母的關係也不會帶來任何改善，聖經裡有說：「你要逃避少年的私慾，同那清心禱告主的人追求公義、信德、仁愛、和平。」（提摩太後書二章22節）那些與你抱怨父母的人，並不會幫助你與父母的心更靠近；與一群每天嫌棄自己小孩的人說三道四，也不會幫助你與孩子關係和好。反正成天跟著那些與你一起抱怨別人、數落別人、總覺得都是別人的錯、怪罪別人的人在一起，你絕對不會進步，只會被自己困住，限制在自己極有限的朋友圈裡做山霸王，但全然不知外面的世界早已不是你想像的那麼狹窄了。

謙卑地去請教，能幫助你不再自我設限。

謙卑地去請教，能幫助你不再自我設限，我知道請教他人這回事，有時

會挑戰到我們的自尊心，讓我們常常因為卡在「面子問題」而放棄去放下身段，錯失了改變的契機。但是要改變，真的就要有決心行動起來，拿起褥子，起來走一條沒有走過的路，用你那三十八年來沒有用過的那條腿，跨出神要為你開的<u>神蹟路</u>。

很多時候，我們被舊有的認知給困住了，並照著仇敵給的劇本一步一步往下走，但我們的神是會改寫人生劇本的神，祂是能夠改變我們家庭氛圍的神，是能夠使所有夫妻、孩子和父母「**父親的心轉向兒女，兒女的心轉向父親**」（**瑪拉基書四章6節**）的神，現在，請十分堅定地對神宣告：

> 我要得醫治，我要痊癒，我要突破！

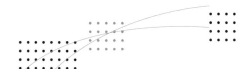

主啊，我在這裡，

就像祢當年走向畢士大池一樣，求祢也來靠近我的生命，
用祢祭壇上的火沾我的口，在我身體中最小卻最難管理的舌頭，
以至於我能降服在祢的管轄中，
讓我的生命從口開始被祢更新。
我承認我是嘴唇不潔的人，常因為我的疏忽，
把關係破壞了，我跟我很在意的人很久沒有講話了，
求祢憐憫我、救我，就像憐憫畢士大池旁的癱子一樣，
我有好深的無助感、好重的悔恨感，
但我相信祢是醫治我的神，我要跟祢說：
「我想要改變，我想要突破，我想要痊癒。」
求祢更新我每一次講出來的話，
都像金蘋果放在銀網子裡，
好叫我可以快快地聽、慢慢地說，
甚至讓我的情緒、我的脾氣因聖靈的幫助都全然降服於祢，
也給我力量，讓我不只是做一個決定，
還能帶下行動並有紀律去做到。

奉耶穌基督得勝的名禱告，阿們！

Hello？地球不是繞著你轉！

有些人覺得父母應該是世界上最愛你的人，那是因為你有一對溫暖的父母；有些人覺得愛情很美好、很甜蜜，那是因為她沒遇過渣男。

你有沒有發現，不管在婚姻裡、手足之間或親子關係裡，一旦關係破壞了，什麼都沒了？談到關係，聖經只關注一個很重要的焦點——<u>連結</u>，聖經非常在意我們彼此到底有沒有<u>連結</u>？而那個連結更深遠的意義就是是否緊緊相連／黏？當衝突發生時，你會選擇連結，還是選擇先把關係切斷？（在這裡不單指在離婚協議書上簽字那種切斷）如果你選擇後者，那就是選擇讓你和對方的心與心之間繼續保持距離……我想說的是，在你們之外的任何一個外人都無法保護你們的合一，端看你們是否決定要一同守護那份連結。

從關係中逃開 VS 共同面對

有的人在衝突發生時，會把責任撇得一乾二淨，為什麼人習慣把責任撇乾淨？因為只要撇乾淨，就感覺壓力比較小了，但事實是不管在一般朋友關係或職場同事間，都沒有人喜歡這種習慣推卸責任的人。這種習慣馬上撇清責任的人，可能沒意識到他一直在為他的人際關係下一個很不好的決定——<u>從關係中逃開</u>。一個走進合一的選擇，恰恰與這種人的選擇完全相反，一個走進合一的選擇，是選擇<u>共同面對</u>。

在你們之外的任何一個外人都無法保護你們的合一，端看你們是否決定要一同守護那份連結。

關於走進合一，有兩個重點：

1.事情發生時，不是想著逃走，而是一起面對。
2.常把對方的渴望和需要也放進你的人生計畫裡。

我的大女兒今年快十六歲了，還記得在我結婚的第三年，她才剛剛來到世界上，當時我家所有的長輩都非常開心，全都要來看我的女兒，家中的長孫女。

你也知道關於顧小孩，每位長輩都有各自的「獨門絕活」，我媽媽是北部人，比較「惜皮」（台語），她的想法是：「小孩感冒會很麻煩！」所以她一看到我女兒，就算她是在炎熱的8月出生的，還是要我們給她穿長袖、長褲、手套，總之全身包緊緊，外面再加蓋一層毛毯。而當我岳母來看女兒時，情況大不同，岳母是南部人，一看到我女兒全身包緊緊，就會說：「你怎麼把小孩包成這樣？小朋友油脂分泌很旺盛，這樣會長疹子啦！長疹子會很麻煩，到時候不小心抓破還會流膿……」然後就急忙把小孩的衣服脫掉、手套拔掉，一邊叨念著：「小孩就是要讓她到處碰、到處摸、多探索，知道嗎？」

那段時期，我與我太太都好焦慮，因為不同媽媽來，就要給小孩「換季」，我媽媽來變冬天，岳母來就變夏天。有顧小孩經驗的人都知道，其實顧小孩沒那麼困難，但通常只要「長輩過境」，就會收到多不勝數的教養意

見：不能這樣、應該要那樣、怎麼我跟你講過你還搞成這樣？你們這樣顧小孩以後會……？這個狀況對於當時的我們來說，可謂是家常便飯。

但你知道嗎？當時能維繫好家庭關係的關鍵，並不是學習怎麼為小孩穿上合適的衣服，而是，當長輩離開後，如何對待你的另一半。如果我媽媽一離開，我就走進房間數落太太說：「喂！我媽不是說過要這樣子嗎？妳怎麼還讓小孩穿那麼少？如果感冒怎麼辦？」不明就裡地把她罵一頓，如果我選擇這種互動，那後果不堪設想，因為這完全不是保護合一的舉動，而是選擇了逃出經營關係的責任。

我再拿親子溝通作比喻，當孩子這次自然科考不好，父母最常會這樣說：「怎麼會這樣？」「爸媽國小的時候都拿班上第一名耶！」「我們柳家從來沒有自然考這麼差的！」類似的話是不是很常出現？但你有沒有發現，當你在批評孩子的當下，其實這些話正在傳遞一個訊息——我不是跟你同一個陣線的。在你各方面的關係中，你是不是也曾選擇逃走？作父母的，選擇從陪伴孩子長大的位置上跳開，成為指責的一方；作夫妻的，選擇從扶持另一半的角色中跳開，用看似「理性陳述事實」的姿態成為對立方。

> 在批評孩子的當下，其實這些話正在傳遞一個訊息——我不是跟你同一個陣線的。

如果時間可以重來，父母們，你們是否可以有另一個選擇？能不能換個說話方式：「這次自然考這個分數，有什麼爸爸可以幫你的嗎？」如果能回到最初，孩子們，你們可否給爸媽一個機會？選擇告訴爸爸媽媽該怎樣幫助你？可否選擇讓爸爸媽媽參與你的生命？丈夫們、妻子們，你們可否在另一半最需要支持的時候，選擇給予正面的鼓勵與關懷？其實，我們都做得到，只要願意選擇一起努力，就能讓彼此得到幸福。想想看，什麼是能帶你的關係走向連結、走進合一的選擇？容我再強調一次，<u>當問題發生時，不要逃走，有問題一起解決</u>！

∷∷∷∷ 合一的 Power ！

聖經教導我們，愛是「不求自己的益處」（參考哥林多前書十三章4～8節），因此合一的精神就是「<u>不要只想到自己</u>」，想想他人，想想對方需要什麼、對方的渴望是什麼？一對夫妻，連晚上睡覺開冷氣的溫度都必須互相考慮，有的覺得二十度還不夠冷，一直冒汗，有的開到二十八度了，還覺得風很涼，既然我們在一起，就不能只想到自己，都要考慮到對方的感受。聖經腓立比書中有一處經文不僅談到了合一，也把連結和愛的觀念講得非常清楚：

所以，在基督裡若有什麼勸勉，愛心有什麼安慰，聖靈有什麼交通，心中有什麼慈悲憐憫，你們就要意念相同，愛心相同，有一樣的心思，有一樣的意念，使我的喜樂可以滿足。凡事不可結黨，不可貪圖虛浮的榮耀；只要存心謙卑，各人看別人比自己強。各人不要單顧自己的事，也要顧別人的事。　　　　（腓立比書二章1～4節）

在這段經文當中，有四個務必筆記下來的重點，都在教導我們如何帶下合一：

一、多花一點時間站在對方的角度想

有些人覺得父母應該是世上最愛你的人，那是因為你有一對溫暖的父母；有些人覺得愛情很美好、很甜蜜，那是因為她沒遇過渣男。很多時候對方的問題都是我們以為沒什麼大不了的小事，但對另外一些人而言，卻可能難如登天；數理頭腦好的人，無法體會算到半夜還沒有訂正完一張考卷的無力感；語文能力強的人，也很難對那些一直背不好單字的人有耐心。我們強烈主觀的判斷都出於沒有站在對方的角度想，這些判斷通常都會壞事，而且容易擦槍走火。

這是我那群牧者朋友最常笑我的事，起因是我太太有一次在節目中分享了我送她情人節禮物的故事。事情

是這樣的，我知道家裡需要一台好的吸塵器，那一直是我太太的願望清單，但是因為經濟考量，我們遲遲沒有下手買台上萬的「無線吸塵器」，只好一直將就用有線的，每次清理家裡，換一區就要重新插、拔插頭，很麻煩。

身為一個好老公，一定會注意到這個需求，就在某次滑著手機時，不經意發現到一台只要千元的「雜牌」吸塵器，而且是無線的（我現在知道便宜沒好貨，但是當初誰知道呢？更何況它長得很悅人眼目）！我還趁著1月底趕快買，因為2月就是情人節，我腦中已經自行腦補很多太太收到禮物的畫面，包括她衝過來抱著我狂親。

後來事實證明，所有的腦補都補不了我腦子的洞！當我老婆看到她的情人節禮物居然是一台吸塵器時，她整個人氣到說不出話來！我一時還以為是「雜牌」的問題，還認真地解釋她想要的那一台太貴，等之後有錢再買之類的，殊不知問題出在：「到底誰會在情人節送吸塵器？」

當下我丈二金剛摸不著頭腦，沒料到吸塵器竟是我的一廂情願罷了，但當我站在她的角度想，發現那就像是我生日（8月底）的時候也不會想收到孩子的學費單（9月初開學）作為禮物一樣的道理。如果我早一點站在她的立場想，就不會做出這麼白目的事情了，當然也不會讓張光偉牧師有機會在講道的時候揶揄我了！

二、不要每次都要別人順著你的意思

這是溝通中很大的殺手，在朋友圈中卻總是會有幾個這樣的人。無論在生活上，大到會議中的討論，小到選餐廳、規劃旅遊行程，這種個性的人總是沒在聽別人的發言，只專注在自己的事情上，其溝通模式就是我們開場提到的 TA 治療中 PC 模式的對話。

從小到大，我最受不了的場合之一就是不能表達意見的會議！偏偏在教會界中，有很多這類被我稱作「摸頭式」的會議，簡單來說就是：要你去參加，但是只能聽我講話，不容許你表達意見。

在我剛開始服事時有一個現象，就是重要的二代議題被用「炒冷飯式」的方式去處理，怎麼說呢？就是剛開始都會說：「子駿牧師，某位大牧師很希望邀請你來參加這場會議，因為我們很希望多聽聽年輕人的意見。」因為那時我才三十出頭又剛作牧師，聽到這種會議居然會找我，覺得自己很被看重，而且還是那個名牧師請祕書來邀請我。但是當我到了現場才發現，我的存在只是為了要讓會議的平均年齡看起來有拉低一點，根本沒有所謂「想聽你意見」的這種事。每當我們要發言的時候，除非是講出所謂「政治正確」的話，不然就只是說服我們去推動早已規劃好的活動，而我們只能順著照做。

這種感受在人際溝通上是很難熬的，請一定要記得，地球不是繞著你轉的，你也不會是世界的中心，當你只希

望所有人聽你的意見，你不只會讓那次談話失去意義，也會讓這份關係失去下一次可以在信任中談話的基礎，非常得不償失。

三、試著把別人的成功當作你的喜樂

我曾聽過有個人對他的小孩酸酸地說：「你看看，二嬸他們家賺多少，在市區還有兩棟房子，我看他們這種花錢方式一定會『富不過三代』啦！」你覺得這人是存著什麼心態說這樣的話呢？其實，當這個人將這種話說給孩子聽時，就是把他的家庭關係漸漸導向「不想要合一」的方向。

在市區擁有兩棟房是好事呀！為什麼不去向他們賀喜，而是在那裡酸言酸語呢？三級疫情解封後，有的人變胖，有的人變瘦了，大家看到變瘦的那個人，就拿最肥的肉給他吃，心裡暗自希望他吃胖一點，心想：「我自己就可以看起來瘦一點。」你是不是也曾經這樣想呢？省察一下自己與旁人的關係，你是否也曾犯過類似的錯誤，做了把關係導向不合一的決定呢？你現在能不能轉換心態與眼光，學習欣賞那些比你成功的人，看別人比自己強，把別人的成功，當作你最大的喜樂呢？

四、不要一直想佔別人便宜

最後一點，就是不要總想著佔別人的便宜，因為你想

佔別人便宜的心，其實人盡皆知，只是不想拆穿你而已。舉個例子，在我的教會，因為場地空間有限，對於要在教會借場地辦婚禮的人，都會要求必須先擁有會友身分，且提出申請時，還要請牧者和小組長簽名。所以，如果要取得簽名，就必須加入小組，於是就有人很自以為聰明，本來怎麼邀請都不加入小組，但是為了要在教會結婚，就在結婚前火速加入小組，好讓自己能夠順利借到場地，辦一場盛大又美麗的婚禮。

這樣的情侶檔，剛加入時先絕口不提結婚的事，參加幾次後，才透露即將要結婚的消息，而小組的弟兄姊妹都很單純，聽見小組裡有人要結婚了，當然十分開心，就相約張羅籌備婚禮，不管是餐點、音控、場地布置都免費包辦下來。且婚禮當天不論大小服事，全包式的前後打點，甚至晚宴也照樣包禮金給新人，就是想要給小組員一個永生難忘的婚禮。

請不要誤會，愛小組員、給小組員難忘的婚禮，都沒有錯，但是常常有人「利用」了組員的愛心，結完婚之後，就再也不出現，這才是最令人看不過去的。要知道，請外面的婚禮公司來做這些事都不是一筆小數目，何況全體小組動員協助你們，一毛不收還包紅包呢！

你是否也曾這樣白佔人家便宜？ 如果你的心思意念都是「單顧自己的事」，那你的人際關係一定不會好，跟家人的相處也會處處碰壁，或許別人不會告訴你，但是這

種愛佔別人便宜的人，一定會被人記在心裡，並暗自決定少跟你來往。

我們常常不了解什麼叫做「連結」而造成了很多問題，但你要知道，神國度裡真正的合一，會帶下很大的祝福。當我在學習婚姻諮商、家族治療的時候認識到，夫妻之間的關係將會深深影響孩子的性格，甚至影響的是孩子一輩子性格的發展。由此可見，合一的Power有多大！當夫妻之間的關係是連結的、是緊密的，是把對方的需要放在心上的，不是推卸責任的，這樣健康的互動交流是能深深影響你孩子性格和情緒的穩定度，並讓你家庭的氛圍經歷轉化。合一是非常大能的！

在我輔導過的婚姻中，就有一個這樣的見證。這個家庭剛來教會的時候，先生外遇、太太重度憂鬱，夫妻間常常吵個不停。孩子年紀已經五、六歲左右，卻不太會表達，與人談話無法聚焦，情緒都處於失控邊緣，每次在教會，不是看到他們的孩子在尖叫，就是這對父母管教孩子的打罵聲。

感謝神，給了他們一個超級有愛的組長來關心這個家庭，提供許多精神上、物質上的協助，重要的是，這位組長非常接納這個孩子。有好幾次，其他組員的孩子被這家孩子欺侮，都是在這位組長有智慧的化解下，才不讓事態加劇。

從兒童心理學的角度來看，身在家庭氣氛不睦的幼童，常常是大人爭吵下的犧牲品，有時候會利用自己的脫序行為換取父母短暫的注意力。父母在打罵小孩的時候，竟是孩童少數感受到父母同心的時刻，雖然很諷刺，但很真實。我記得最誇張的一次，哦不，是好幾次，主日學老師都被這孩子氣到哭出來。

奇妙的事情發生在幾年前，因著這個組長長時間陪伴這個家庭，神開始在這個家中做改變的工作。首先，先生願意悔改並重新扛起丈夫的責任，為家裡煮飯、照顧孩子、陪伴孩子，接下來，妻子的憂鬱症明顯改善許多，整個人開始會笑了，也不再聽到教會出現他們打罵孩子的聲音。更奇妙的是，陸續有兒主老師來告訴我，那個孩子在班上的學習越來越好，也不再有脫序的行為，誇讚他十分顯著的成長。

合一，是非常大能的，不論是一個家庭、或是教會、甚至國家，我相信合一是有力量的，合一是會帶來改變的，合一的 Power 是會讓仇敵害怕的！經文也如此說：「還有末了的話：願弟兄們都喜樂。要作完全人；要受安慰；要同心合意；要彼此和睦。如此，仁愛和平的神必常與你們同在。」（哥林多後書十三章 11 節）

:::::::: 我們的神，非常看重關係

從聖經前前後後都可以發現，我們的神其實非常看重關係，約翰福音十七章有段很深刻的禱告，是耶穌要上十字架前的禱告，我們稱之為「大祭司的禱告」。這段禱告之所以有名，就是因為這是耶穌要準備離開他們的時候，為門徒向神做的禱告：

> 我不但為這些人祈求，也為那些因他們的話信我的人祈求，使他們都合而為一。正如祢父在我裡面，我在祢裡面，使他們也在我們裡面，叫世人可以信祢差了我來。祢所賜給我的榮耀，我已賜給他們，使他們合而為一，像我們合而為一。我在他們裡面，祢在我裡面，使他們完完全全地合而為一，叫世人知道祢差了我來，也知道祢愛他們如同愛我一樣。父啊，我在哪裡，願祢所賜給我的人也同我在那裡，叫他們看見祢所賜給我的榮耀：因為創立世界以前，祢已經愛我了。公義的父啊，世人未曾認識祢，我卻認識祢；這些人也知道祢差了我來。我已將祢的名指示他們，還要指示他們，使祢所愛我的愛在他們裡面，我也在他們裡面。　　（約翰福音十七章20～26節）

當耶穌要離開前，為門徒向天父祈求，不是求他們有更大的講道恩膏，也不是求他們有更多教導恩賜，或醫病、趕鬼、行異能的屬靈能力，耶穌為他們每一個人禱告，是祈求信祂的人彼此「合而為一」，因為祂知道，祂離開後這群門徒會經歷很大的挑戰，但只要他們合一，就沒有什麼難關度過不了的。神愛我們，也期望我們能彼此相愛，而能讓彼此經歷到愛的關鍵，就是在關係裡，每一個人都必須對這段關係積極參與並做出貢獻，這樣做就能促進「合一」的發生。你相信嗎？只要我們參與，只要我們付出，就會帶下極大的能力，就會如同耶穌為我們所禱告的，像祂與天父合而為一那樣合一。當你決定跨出一步開始改變，你的家、你的職場、你各方面的人際關係也都會經歷改變的大能，這就是耶穌的禱告，因為<u>我們的神非常看重關係</u>！以上這些人際相處原則都不是出於我個人的宣言，而是出於聖經中神的話，請看馬太福音第十八章：

> 我實在告訴你們，凡你們在地上所捆綁的，在天上也要捆綁；凡你們在地上所釋放的，在天上也要釋放。我又告訴你們，若是你們中間有兩個人在地上同心合意地求什麼事，我在天上的父必為他們成全。因為無論在哪裡，有兩三個人奉我的名聚會，那裡就有我在他們中間。

> （馬太福音十八章18～20節）

也許你無法想像這段經文裡所說的畫面能夠造成多震撼的能力，但只要你憑著信心選擇合一，選擇與你在關係裡的重要他人同心合意，不管未來面臨怎樣的衝擊，確實都能帶下極大的能力。不管求什麼，天上的父都必會為你們成全，但是，如果我們只想到自己，就無法經歷到這份大能。在此我要鼓勵你，可以開始為你各方面的人際關係做這樣的宣告：

主啊，在我所有的關係裡面，

我選擇連結，並且願意做出貢獻，

我不再只想到我自己，

我要為了守護這段關係而願意付出，

我要為我的關係做出貢獻。

主啊，我要看見，

在這裡捆綁的，在天上也要捆綁，

在這裡釋放的，在天上也要釋放，

因著我與配偶／家人／朋友／同事的關係越緊密，

我要看見，

我的家，甚至於我的世世代代都要蒙福。

過去兩年疫情最嚴重的那段時間，也就是幾乎連門都不能出的那段日子，教會被迫改成線上聚會，主日、小組、禱告會都必須仰賴 Zoom 或 LINE 這種通訊軟體才能進行，可想而知，本來要經營關係就不容易了，遇到疫情來攪局，讓教會的肢體更容易疏遠或冷淡。

　　確實，我發現少數的小組剛開始還行，但後來視訊都不開了，就只聽聲音，漸漸地連上線都有一搭沒一搭的。這樣的小組，通常都是除了聚會通知以外，很少會在小組群組有什麼互動的那種組。相反地，這場疫情，我也觀察到另一個有趣的現象，居然有的小組人數不減反增，而且像這樣人數增加的小組反倒比較多，這些小組參與線上聚會人數比實體還勤，線上小組比過去更投入、更珍惜，這些小組回到實體聚會後，立刻倍增出兩、三個小組，人數翻倍成長。

　　我默默地研究了一下這些人數不減反增的小組，其都有一個共同的現象，就是他們無論如何都選擇連結。小組的 LINE 群組裡會有人積極發起青菜和各種日用品團購；小組員生意受影響時，就整組相挺，一起只訂自己人做的菜；有些生活比較困難的，其他組員為他們做便當送去；互相訂 Uber Eats 都已是稀鬆平常之事，更多的是每天視訊聊天、讀經、禱告，反正哪裡都不能去，就來開視訊一起吃飯，順便看看每一家今天又變出怎樣的菜色。

其實，合一是一種選擇，在困難危急的當下，如果你願意選擇一起解決、一起面對、連結在一起，總有一天，你必會看到神為你的人際關係、夫妻關係、親子關係做新事！

神啊，

就讓聖法蘭西斯的禱告，今天也成為我的禱告：

主啊，使我少為自己求，

少求受安慰，但求安慰人，

少求被了解，但求了解人；

少求愛，但求全心付出愛。

今天我要學習委身在合一的關係中，

把他人的需要放在我的計畫中，

不求自己的益處，只願祢的旨意成就，

領受合一的大能。

奉耶穌基督得勝的名禱告，阿們！

Chapter **3**

行過「被冒犯」的
石子路

小孩子走路跌倒時，長輩都會說：「地板壞壞！」
但問題真的是地板壞壞嗎？當然不是，而是這個不
小心跌倒的孩子，能不能自己站起來繼續往前走。

為什麼人會在遇到問題時，選擇從經營關係的責任中跳出來？為什麼有的關係會破壞到無法挽回的地步？**是什麼讓我們本來應該在走進合一的路上，卻中了惡者的詭計？其實，我們多半都是被過去的傷害困住了**，可能是人的言語，也可能是別人的無心之過，有的時候甚至是自己不能原諒自己，才會帶著那些傷口，讓溝通和人際相處出現這麼多問題，最後破壞到無從修補。

耶穌用一個比喻讓我們明白「傷從何來？」。在耶穌的那個時代，人都是走在石子路上的，不像現在有柏油路或磚塊路可走。當時路上都是大大小小的沙石，所以每戶人家才會特別預備洗腳的水和用品，給從風沙中回到屋子裡的人清潔雙腳。因此馬太福音十八章7節說到：「**這世界有禍了，因為將人絆倒；絆倒人的事是免不了的，但那絆倒人的有禍了！**」這句經文的背景是這樣來的。

耶穌很有智慧地拿最日常的事作比喻，當時的人一聽到這個比喻，馬上就知道耶穌想表達什麼，並心有戚戚焉。人只要在石子地走，必然會因不小心踩到石頭而被絆倒，而「絆倒」這個字的英文含有「冒犯」、「陷害」、「受傷」的意思。如果把這個實際的意義應用回原經文，你馬上就能明白，耶穌在教導我們一個很重要的真理，就是「被冒犯」、「被陷害」、「受到傷害」這種事情是免不了的，可能一天都會來個好幾次也不意外，就像當年走在路上的大小石頭，不想踩到都難。為

什麼有時候我們會愛不下去？是從什麼時候開始我們之間的合一出現了裂痕？我們常常在教會裡流著淚禱告要和好，但出了教會後還是頻頻受挫，然而耶穌要藉著這比喻告訴我們：這是正常的。我們每一天難免都會遭逢冒犯，每一天都可能遇到白目的人，每一個團體中都有那種不會看場合說話、常踩到別人地雷的人，包括教會也是，若你明白了這個教導，就不再驚訝世界上怎麼有這麼多冒犯別人的人，就像走在石子路上會踩到石頭一樣正常。

::::::: 冒犯有三種

話說，斯斯（感冒藥）有三種，冒犯也有三種：

一、直接的冒犯
二、間接的冒犯
三、自我的冒犯

一、直接的冒犯

當一個人說出來的話是直接針對你，常常直接傷到你，或根本衝著你來的，這就叫做「直接的冒犯」。舉個例子，有一天你心血來潮，想要買近期網路很夯的排隊美食請小組的弟兄姊妹吃，不僅為此提早下班，還排了好久

的隊，好不容易排到最前面櫃台，沒想到老闆說：「不好意思，你排到內用的隊伍了，請重新排隊。」於是你又認命地重新排隊，排到滿頭大汗，終於買到之後，便得意地拎著大包小包騎上你小小的機車，一路上哼著歌，腦海裡都在想像待會兒大家驚喜不已的表情，嘴角不自覺上揚。

果不其然，小組員都非常興奮感激，但是，但是，但是，全天下的小組都有這一種人，通常眼白比瞳孔大很多（俗稱白目型），那種人總會悠悠地從旁走過來，瞥了一眼你買的東西後說：「喔原來是這家啊，我之前吃過，但**我覺得還好**。」突然間，你的心臟彷彿被重重一擊，那句「我覺得還好」讓你心情瞬間盪到谷底。那天不管唱什麼詩歌、分享什麼信息，你都已經「登出」了，只有「我覺得還好」這句話不停在你耳邊重複播送。回家路上，心中悲傷的旋律還縈繞不去，晚上在床上輾轉難眠無法釋懷，你不禁回想：那個說「我覺得還好」的傢伙，低潮時還不是我去關懷他，我還打電話關心過他咧！他怎麼能這樣對我？想著想著，心情也越來越沉重，好幾天還為此氣到睡不好覺……。

你身邊是否也有這種「還好哥」、「還好姊」？每次來教會，你都很怕遇到他們，因為一遇到，就有很大的機率被他們毀掉你一天的好心情！這就叫做「直接的冒犯」。

二、間接的冒犯

第二種叫做「間接的冒犯」，就是當下的事件並不是針對你，可能壓根兒都不關你的事，但是當你聽到的時候，情緒卻產生很大的波動，通常是為別人打抱不平的情況。比如說，有天你看到另一個跟你不同小組的人在聊天聊得很起勁，讓你很好奇他們到底在聊什麼，湊過去一聽，才知道原來有人被他的小組長傷到了，那人訴苦說，他前幾天上網學做包子，費心調好餡料、捏好、蒸熟，最後挑了做得最成功的給他的小組長吃，想跟小組長一同分享成功做出包子的喜悅，沒想到那個小組長看了眼包子後卻說：「我不吃，我怕胖。」這一口拒絕的話使他深受打擊。

你聽到這裡，就忿忿不平：這個小組長怎麼這樣啊？上了那麼多裝備課還這樣傷組員的心，吃一口是會增加多少卡路里？太誇張了！竟然連這種人情世故都不顧！做人的道理都不會，怎麼有資格作小組長！你頓時也被這個小組長氣個半死！但你記得嗎？包子也不是你做的，組長也不是你的小組的，但你聽到後也深受影響，這種狀況就叫做「間接的冒犯」。

三、自我的冒犯

最後一種，叫做「自我的冒犯」，這類型的情況就比較複雜，也比較深，也是最難處理的，就是你一直

對曾做過的某些事感到懊悔，每想起一次，就再傷自己一次，你悔不當初、耿耿於懷，而不願意放過自己的結果，就是不停地自我折磨。我曾聽聞有些女孩因年輕時墮過胎，好幾十年走不出「我很後悔」、「我殺了人」的自我控告，這種冒犯傷及內心深處，靠人的力量是非常難解的，而這種「被自己絆倒」的情況，需要聖靈的工作才能把真正「絆倒」她們的石子取走，讓她們全然被醫治和釋放。

雖然我們希望夫妻關係要緊密、親子關係要有連結、能跟弟兄姊妹更親近，但每次只要一踏出去都會踩到小石子，不斷被「絆倒」的過程確實容易使人萌生退縮、卻步的念頭，但回到馬太福音的經文：「**絆倒人的事是免不了的**」（**馬太福音十八章7節**），就會更了解事情的全貌。我們每天都可能踩到這些「小石子」，有直接來的、間接來的，還有一些是自己過不去的，這些免不了的小石子或許會一點一滴在你心裡累積成山，最終成了讓關係走向合一的阻礙。我也要告訴你，耶穌也曾經歷過類似的傷，被兩個祂所愛的門徒重重地冒犯，一個叫做彼得，一個叫做猶大，彼得三次不認主，猶大則是那個賣主的門徒，而這兩個人，同樣都因為做錯事而不敢面對愛他們的老師，但他們的人生有兩種截然不同的結局。

雞叫之後，耶穌看著三次不認主的彼得，彼得也看見了耶穌，在那瞬間他深深懊悔，但因著他選擇願意面對，

重回神的面前，所以生命最終經歷的是勝利，成為建立初代教會的基石；而出賣耶穌的猶大，他就選擇截然不同的面對方式，他同樣對自己的所作所為懊悔不已，卻選擇持續活在懊悔的情緒裡，最後用一根繩子自我了結，失去寶貴性命。**既然被冒犯或冒犯人，在人生中是免不了的，重點就不在於這個冒犯本身傷及多深，而是我們如何面對。** 如果我們總是帶著「會被冒犯」的感覺和「會被絆倒」的心態過日子，就無法再以單純的心去面對人生，而且會越活越複雜，不管想什麼事，都會想得很複雜，導致生命躊躇不前，更可惜的是，無法單純地讓上帝的祝福注入我們生命中，錯過承接屬天福分的機會。

其實，一切的問題不在於會不會被石子絆倒，而在於我們能不能勝過它？或許你想問，當我們決定要繼續愛下去時，會不會再次被絆倒？我現在就可以回答你：當然會！因為這是免不了的事，走在石子路上，當然不免會扭一下、拐一下，所以一直以來，問題的癥結點都不是「我們會不會被絆倒？」而是如何去面對、去跨過被絆倒後的日子。以前，小孩子走路跌倒時，長輩都會說：「地板壞壞！」但問題真的是地板壞壞嗎？當然不是，我們都知道，這樣只會教出凡事怪罪他人、不負責任的孩子，我們不該把重點放在推卸責任給別人，而是這

> 其實，一切的問題不在於會不會被石子絆倒，而在於我們能不能勝過它？

個不小心跌倒的孩子，能不能自己站起來繼續往前走。

　　或許，過去你真的受傷了，不管傷害是屬於什麼類型或從何而來，我想告訴你的是，能夠好起來的關鍵不是討論「誰傷了我？」或「我們會不會再被絆倒？」。關鍵是，即便經過了這些，你是否還願意站起來選擇「我要愛到底」？你相不相信，那段關係還能夠重新連結？仇敵總是會想盡辦法使人與人的關係疏離、隔絕，所以你有沒有發現，我們很容易被某些特定的東西和情境一而再、再而三地冒犯？但現在，我們一起選擇來到神面前宣告：

神，我選擇把這些讓我不舒服的東西

帶到祢面前，

我選擇合一，我選擇被祢醫治。

關鍵是，即便經過了這些，
你是否還願意站起來選擇
「我要愛到底」？

⠿⠿⠿⠿⠿ 應對冒犯的兩條出路

在詩篇裡，有一段大衛的禱告：

我心裡發昏的時候，

我要從地極求告祢。

求祢領我到那比我更高的磐石！

因為祢作過我的避難所，

作過我的堅固臺，脫離仇敵。

（詩篇六十一篇2～3節）

應對冒犯有兩種選擇，就像前面提到的彼得和猶大，這兩種選擇會開啟截然不同的兩條出路，第一種選擇是「讓它成為絆腳石」，第二種選擇是「讓它成為墊腳石」。若你選擇讓它成為絆腳石，那它就會成為攔阻你跟人、跟神關係中的石頭，而且只要每跌一次，你就摔一次，然後就漸漸爬不起來了，你的靈命也會整個受影響，甚至癱瘓一生。有些本來為主火熱的人，因為一次服事上的受傷、疫情的衝擊或一些個人的遭遇，就自暴自棄地告訴自己：「算了，不用了，我就先不要跟他建立關係。」你身邊有這樣的人嗎？這種人往往選擇了「放棄和好」這個選項，導致自己的生命停滯或後退，心中充滿對人的不信任與仇恨，任身旁的人怎麼安慰都沒有用，反倒作繭自

縛，把自己隔離開來。

　　但同樣一塊石頭，有人卻選擇讓它成為墊腳石，如同大衛在禱告裡說的：「**求祢領我到那比我更高的磐石！**」（**詩篇六十一篇2節**）這樣的人總是相信神會幫助他，相信神會幫他把他腳下的石頭疊得更高，且還能讓他穩妥地站立其上，把事情看得更通透，也把神的心意看得更清楚。同樣的石頭，它可以絆倒你，讓你爬不起來，然而，同樣一塊石頭，你也可以選擇更好的出路，我鼓勵你可以常常這樣對神宣告：

神啊，讓我看得更高更遠，

讓我看得更遠，讓我更明白祢的心意。

　　生命中大大小小的石頭可以幫助我們學習成為更好的人，在主裡，我們總是還有機會學習如何與妻子或丈夫連結，學習如何與孩子和父母站在同一陣線，學習不管再怎麼困難，都願意與我的小組長、小組員緊緊相連結。

⋮⋮⋮⋮⋮ 絆倒王約瑟

還記得聖經裡約瑟的故事嗎？約瑟的成長過程異常坎坷，他所有的哥哥都欺負他、討厭他，說到絆倒這個主題，我覺得約瑟堪稱「絆倒王」！他被哥哥丟到井裡、被哥哥賣到埃及，還遇到波提乏的太太，最後被下到監獄裡，這樣已經很慘了，不料沒有最慘還有更慘的，他解夢解了半天還被遺忘，約瑟的人生遭遇可真是說有多慘就有多慘！但約瑟沒有因此一蹶不振，他最後仍然選擇了和好。

創世記最後一章，我們來看看約瑟的結局，成為埃及宰相的約瑟對曾經欺壓他的哥哥們說：「**從前你們的意思是要害我，但神的意思原是好的，要保全許多人的性命，成就今日的光景。**」（創世記五十章20節）兄弟關係從此和好，家庭氛圍也經歷了轉化與更新。

我相信現在神也要救正在看這本書的你，祂要藉著你的每個經歷做新事，祂將要透過從上頭來的連結給予我們祝福。因著我們選擇和好，因著祂看見你終於願意選擇同心合意，祂就要來垂聽你的禱告。

我教會裡有一個很棒的全職同工，他不僅負責教會的安全和服務台的事工，也擔任社區長者送餐的志工，每天都去照顧一些有需要的長輩。在教會中沒有一個人不認識他，他總是笑臉迎人，而且他高亢的打招呼聲，都

讓來到台北復興堂的人留下美好的印象。但是很少人知道，他其實是一位更生人。他十六歲那年，因為朋友慫恿而染上一級毒品，陷在毒品和成癮的問題裡整整三十年，從十六到四十六歲整整三十年！因為毒品，他前後進出監獄十二次，一共被關了二十三年，在這段期間，他幾乎恨透周圍的人，甚至連自己都放棄了。但後來他在監獄中認識了主，也受了洗，他在台上做見證的時候卻說：「像我這樣的人，上帝都沒有放棄我，我知道上帝不願失落任何一個祂所創造的兒女。」當他決定不被過去的絆腳石繼續傷害，就開始走出一條不一樣的道路。過去那些絆腳的石頭，如今也變成一塊塊閃耀的寶石，彰顯上帝奇妙的榮耀。

每當我走進教會看到這位同工，總是滿心感動，因為神總是叫不可能的變為可能，我也相信祂能夠在你的生命中成就不可能的新事。

我不確定神會怎麼在你的生命裡工作，但我相信現在神有話要給你，邀請你一起單單來到神面前，對神宣告：

神啊，求祢醫治我。

當你在宣告時，你腦海裡浮現的那個人是誰？那個你想要與他／她重新恢復關係的人是誰？他／她叫做什麼名字？神渴望幫助你，讓你與那個人重新恢復連結，或者為你的教會、小組、家庭、各方面的人際關係禱告，祈求聖靈在當中工作，幫助你保守那神所賜下的合一。

　　隨時隨地，你都可以喊耶穌的名字，因為唯有祂能醫治我們。

隨時隨地，你都可以喊耶穌的名字，因為唯有祂能醫治我們。

我親愛的天父，

我受傷了，而且傷得不輕。
那些場景、那些傷人的言語，常常都會出現，
而且揮之不去。
但是今天我來到祢面前，
不是要祢幫我挪開那些石頭，
我更希望祢讓我所踩過這些絆倒人的石頭，
把我墊得更高，使我看得更遠，
更明白祢的心意。
謝謝祢耶穌，我的醫治者，
我永遠的避風港。

奉耶穌基督得勝的名禱告，阿們！

PART **2** **溝通是有
公式的嗎？**

Chapter 4

你在摧毀
還是在建造？

你的話語可以創造出沒有安全感的另一半，
也可以轉而幫助另一半建立自信心，
請牢牢記住這件事。

我曾看過幾次這種場面：一名母親帶著垂喪著頭的青少年孩子進來與我談話，我跟孩子打招呼，孩子卻不太正眼看我，直到他媽媽叫喚：「跟牧師講話啊，不會講話是不是？」孩子才心不甘情不願地打了招呼。接下來的發展我並不意外，這是一個非自願個案，他根本不想要來談自己的問題，甚至他也不覺得自己有什麼問題，所以我怎麼可能知道要如何幫助他呢？況且他的問題都不是他親口跟我說的，都是他身邊的母親在那裡滔滔不絕，又千方百計要說服我，希望我能幫助他的孩子在課業上用功一點，或是多與人接觸一點。

在這類談話中，不免時不時會聽到「笨」、「長不大」、「不懂事」這些形容詞（我甚至還見過有先生當著我的面說他太太：「我沒見過像她這麼笨的人！」）且十分頻繁地脫口而出，可見這儼然是一種習慣了。在我面前尚且如此，真難想像在家裡是什麼情況，這個年輕人要承受多少這類具傷害性的言語霸凌和攻擊？在這種家庭下生活，如果告訴我他們很自卑、很不敞開、人際方面很多困擾、不會溝通，真的不難想像，但我也知道，這一切往往是當事者有意無意間造成的結果。

其中最悲哀的莫過於出口傷人的那方，通常是最晚發現自己問題的一方，也會是最晚才來讀這本書的一方。他們往往不知道自己有問題，反而把問題癥結歸究在其他人身上，自己還以拯救者自居，覺得自己是因為愛對方的緣

故，才會用激烈的詞語刺激對方成長。這類個案需要好幾次協談，慢慢取得他們的信任之後，才能逐步引導他們說出真實的內心話。到這個階段時，也才有可能看見協談室裡樂見到案主的自我領悟。

> 我：「我們先暫停一下，我想問阿俊（化名），剛剛你聽到媽媽講了三次，她覺得你不行，可不可以說說，你聽到這些話的感覺？」
>
> 阿俊：「沒什麼感覺。」
>
> 我：「媽媽妳有沒有發現自己，講沒幾句話，裡面居然出現三次『我覺得他就是不行』？」
>
> 媽媽：「沒有耶。」
>
> 我：「我不知道你們聽起來怎麼樣，我聽起來是很不舒服的，而且，當我問阿俊感受，他回答他對這些話是沒有感覺的。一個孩子到底要用多久、多大的力量讓自己對一個有力度的話語沒有感覺？」
>
> 媽媽：「……」（沉默不語）

此時此刻，我想先邀你靜下心向上帝說：

神啊，我不想要再這樣下去了，

以為自己在造就人，其實都在拆毀人，

以為自己在為對方好，其實把對方推得更遠。

我要宣告，我的話語是有力量的，

我立志要用話語去建造人、去創造健康的氛圍

就像神用祂的話語創造世界一樣，

我也要在我的周遭，創造一個新氣象。

認識話語的大能

「溝通」在人際關係、感情相處、婚姻家庭的經營扮演很重要的角色，是人生中非常重要的課題。而溝通中，話語本身也佔有舉足輕重的比例，本章就要來認識「話語的能力」，其實「話」不只在乎言語和文字的呈現，「話」的本身帶著力度和影響力，現在就讓我慢慢來跟大家說明什麼是話語的能力：

話語能深入一個人的心

箴言二十六章22節說：「**傳舌人的言語，如同美食，深入人的心腹。**」不要認為你所說出的話會如空氣一下就飄散，話語會進入人心裡深處，並且在那裡存放著、影響

著整個人的生命。近年來，有個新的形容詞叫「走心」，我認為它很能形容這句經文所傳達的情境，你可能曾在以下句子裡聽到「走心」這個詞彙：

「我沒這個意思喔！你不要走心喔！」
「我其實不是說你喔！你不要走心喔！」
「那個人只是舉個例子，你千萬不要走心喔！」
「開開玩笑而已，你不要走心喔！」

　　走心，顧名思義就是一句話脫口而出之後，無論說者是否有意，聽者就是會往心裡去，且接收到的比較傾向於負面的意義。為什麼要強調「不要走心」？這句話表示話語常是帶著力量和某個特定方向的，話語可以引人往牛角尖、死胡同走，且使人幾個月、幾年都繞不出來。當我為一些會友進行內在醫治的禱告時發現，父母、重要權柄（老師、老闆）、親密伴侶（丈夫、妻子、男友、女友、前男友、前女友）這些被稱為重要他人所講出的話，往往是影響我們至深、至遠、至大的。比如剛結婚時，婆婆對媳婦說了幾句維護自己兒子的話，可能就會讓媳婦恨之入骨，甚至即便到婆婆過世後還記著那句話。再舉個例子，小姑一句不經意說出的：「弟妹怎都不幫忙？」竟成了壓垮家事已做到累翻的媳婦的最後一根稻草，此後，媳婦連一次都不願意回夫家過年，場面搞得非常難看、衝突一發

不可收拾。

千萬不要以為人聽到同一句話都會是一模一樣的反應，事實恰好相反。常常聽到同一句話，每個人的反應都不一樣，有人當玩笑話就過去了，有人則容易「往心裡去」，整個人彷彿在山裡迷了路，且即使打開導航順著指引走，仍不斷繞圈圈，怎麼也回不了家。

話語有可能會壓碎一個人

聖經中說，話語的力量大到足以「壓碎」人，約伯記十九章2節說：「**你們攪擾我的心，用言語壓碎我要到幾時呢？**」所以，別小看隨隨便便說八卦、批評人的那些話語，那些話語有可能已經將某些人「壓碎」了。而說到話語的運用，聖經裡面有一卷書專門討論到話語的重要性，就是雅各書，對於學習做人處事非常有益處，也有人把它叫做新約的箴言。雅各書第三章中，就有一段對話語運用的詮釋：

> 我們若把嚼環放在馬嘴裡，叫牠順服，就能調動牠的全身。看哪，船隻雖然甚大，又被大風催逼，只用小小的舵，就隨著掌舵的意思轉動。這樣，舌頭在百體裡也是最小的，卻能說大話。看哪，最小的火能點著最大的樹林。舌頭就是火，在我們百體中，舌頭是個罪惡的世界，能污

穢全身，也能把生命的輪子點起來，並且是從地
獄裡點著的。　　　　　　（雅各書三章3〜6節）

讀完這段，你是否也跟我一樣想驚呼一聲：「哇！」
舌頭是最小的，卻能將整個身體點燃，甚至連整個地獄的
火都可以點燃，可見話語的力量有多大，好比那船隻的
舵，輕輕一轉就能改變船隻行進的方向。

在網路媒體、社群平台上，「帶風向」這個詞，大家
應該不陌生，這個詞也確實讓我們看見網路上的話語有轉
動整個環境的能力。無論在媒體界、政治界，甚至一些議
題的操作，只需網路上的幾句話、幾篇文字，就都恰如雅
各書所說的，彷彿點燃了一整片森林。

話語會引導人的生命

不知道你有沒有遇過這樣的朋友，他只要講幾句話，
就能改變你對另一個人的看法，原本一群感情甚篤的死
黨，因著一個「很會講話」的人的一句話，從此他們的感
情被點燃了地獄之火，深厚情誼逐漸邁向撕裂毀壞的終
局。我們在國小或國中時期，最容易發生這類事件，簡單
的幾句話就讓閨密反目成仇，甚至到畢業都不相往來。這
樣的言語，豈不成為校園霸凌的溫床、同窗感情生變的導
火線？

「生死在舌頭的權下，喜愛它的，必吃它所結的果子。」（箴言十八章21節）你必須謹慎留意你說話的內容。當你說出能點燃地獄之火的話時，也將為對方帶來沮喪的靈，將他人的生命帶離正途，引至充滿沮喪的人生；然而，你也能夠選擇靠著上帝的幫助，改變你說話的方式，轉而點亮他人前景，讓自己與他人的生命結出美好的果子。

我岳母是教育高手，以前當過幼稚園的園長，從她帶我最小的兒子QQ身上，我親眼見識到她的專業。每個小朋友很多時候喜歡使喚大人幫忙，難以分辨是真不會還是在撒嬌，反正就是一天要喊大人一百次，然後各種要求。當QQ有各式各樣的理由像是：「我不會」「幫我這個、幫我那個」「這個壞了，可以幫我修好嗎？」「可以幫我弄嗎？」我岳母都老神在在地對QQ說：「QQ一定有辦法！」因為眼看沒人幫忙了，我就看到QQ開始嘗試自己解決問題，此後他的第一次自己擦屁股、第一次自己洗杯子、自己修好玩具火車軌道、自己拼好拼圖，都是從岳母的這一句話帶出來的。

當QQ完成本來需要大人幫忙的事之後，岳母會補上一句：「QQ一定有辦法！婆婆就說吧，QQ一定有辦法！」一句簡單的話造就了一個孩子的自信，也引出了孩子解決問題的能力。我原以為自己已是三個孩子的爸，應該沒什麼難得倒我了，沒想到一山還有一山高，岳母的帶娃功力著實令

人佩服，她真是把我的小兒子教育得太好了！

話語有毀滅的能力

話語也有毀滅的能力，而且是極大的摧毀能力，如同上述經文提及的：「這樣，舌頭在百體裡也是最小的，卻能說大話。看哪，最小的火能點著最大的樹林。」（雅各書三章5節）而《論語》裡頭也說過：「一言可以興邦。」後一句便是：「一言可以喪邦。」既然一句話能建造國家，那一句話勢必也有摧毀整個國度的能力。

當你上網去查「希特勒語錄」時，你會發現裡頭盡是一些令人髮指的言論：

「每一代都至少應該經歷一場戰爭的洗禮。」
「大眾就像是個任我為所欲為的女人。」
「政治的最終目的是戰爭。」
「時間已經來到，所有時刻全世界最邪惡的猶太人，至少要讓他停止角色一千年。」

這類的話語，充滿了仇恨和對立，就是這些文字，把人推向戰爭，把世界帶向戰場，把猶太民族關進了集中營、毒氣室，過著生不如死的日子。

我記得有一個會友曾跟我說過一個見證，分享他在上週主日的信息中才原諒了他的國小老師！（但其實這個

會友已經四十多歲，國小老師到底為什麼可以影響他這麼久？）當我追問才知道，國小四年級的他因數學學不好，老師就請他站在黑板前，要他解出黑板上的數學題才放大家下課，那天他真的解不出來，耽誤了全班的下課時間，因此被全班討厭，老師還當著全班的面對他說：「你不行啦！你以後千萬不要朝數理發展。」當時他聽進了這句話並記了三十年，不僅被這一句話深深影響著，還接受了這句話成為他一生的定義。就這樣，一句話左右了一個人的生命。所以在婚姻裡不論遇到什麼狀況，我奉勸各位絕對不要把「離婚」掛在嘴邊，當這最小的言語點燃那最大的樹林，就會將你的婚姻導向離婚的結局，這是仇敵的伎倆，我們不可不防，**請謹慎你的言語**。

話語決定了我們生活的品質

話語也會決定我們生活品質的好壞，「**原來我們在許多事上都有過失；若有人在話語上沒有過失，他就是完全人，也能勒住自己的全身。**」（雅各書三章2節）只要勒住舌頭，就能做完全人，所有的好壞，關鍵在乎話語。若生活品質的好壞都跟你說的話有關，那麼你是不是該更小心自己所說出的話呢？

箴言十二章18節：「**說話浮躁的，如刀刺人；智慧人的舌頭卻為醫人的良藥。**」這裡說到智慧人的舌頭竟有醫治人的功效，可見話語的力量多大，「**口善應對，自覺喜**

樂；話合其時，何等美好。」（箴言十五章23節）這段經文告訴我們，其實，每一個人都希望聽到好的話語，只要能在合適的時間說出對的話，就能為他人的一生帶來美好的果效。如果教會裡全部的人都學會好好說話，這個世界一定會改變。

好久以前，我有一個很不好的習慣，現在想起來都很後悔，就是我會趁著在台上講道其間，把會友數落一番。小到念他們聚會時走來走去，大到批判一些看不慣的事，反正都拿到講台上借題發揮，甚至常常越講越激動，越講越生氣，雖然我都沒有指名道姓，但是知情的人都知道我在說誰，有幾次因為這樣導致會友憤而離開教會，造成不小的風波。

而且都到這種地步，我也不知道哪裡學來的壞毛病，仍然不檢討自己的情緒管理和口無遮攔，甚至還怪罪他們不能被講、不夠謙卑，殊不知最該謙卑、最該被講的人是我。直到有一天，我一個好朋友鼓起勇氣，語重心長地來跟我分享，他知道說重了我會逃避或否認，說輕了又搔不到癢處，於是他用很有智慧的話來跟我說。他說：「我知道你很愛羊群，沒有人比你更愛羊群，你一直都希望他們好，這是所有人都知道的。但是當你一用情緒化的字眼、高漲的脾氣來表達時，人家只會接收到你

只要能在合適的時間說出對的話，就能為他人的一生帶來美好的果效。

的情緒，而忽略了你真正想傳達的內容。就像一家餐廳的料理新鮮又好吃，卻因為服務生的脾氣太大，結果降低了大家對那家餐廳料理的好感度，那豈不是很可惜？」那一天，我好像遭受重擊一般，我頓時發現自己好糟，居然那麼多年以來都沒有發現這個狀況，我一直讓大家只看到我的壞脾氣，竟沒發現根本沒有人在乎我講的內容。從那一天起，我開始改變，下定決心不在講台上當「二流服務生」，不讓我「天父老闆」的一手好菜，再被我給搞砸了。

電視上的社會新聞，很多也都是因亂講話造成的，只要亂講話，就會出問題，接著就要用別的話來圓場。前陣子吵得沸沸揚揚的王力宏事件，就算「左思右想」後講出來的話，仍然漏洞百出，快的幾分鐘後刪文，慢的到隔天被記者炒作到新聞滿天飛，到頭來還是要發道歉聲明。其實，聖經早就告訴我們，只要話說得對、說得合宜合時，人生就自然會快樂。

:::::::: 弟兄要先改變

我想在此特別提醒弟兄（因為我也是弟兄，對弟兄特別有話要說），一定要先學會說話！我先給你看一段經文，在哥林多前書十一章3節：「**我願意你們知道，基督是各人的頭；男人是女人的頭；上帝是基督的頭。**」另一

86

處則在以弗所書五章23至25節：「**因為丈夫是妻子的頭，如同基督是教會的頭；祂又是教會全體的救主。教會怎樣順服基督，妻子也要怎樣凡事順服丈夫。你們作丈夫的，要愛你們的妻子，正如基督愛教會，為教會捨己。**」看到這段經文，現在的人一定會感到納悶，在這個講求性別平等的時代，牧師怎麼還在講這種老掉牙「弟兄是頭」的信息？求聖靈打開每一位讀者的眼睛，明白聖經的教導，妻子要順服丈夫，在此有個前提，就是弟兄要先明白<u>「男人的標準就是基督的形像」</u>。作頭，並不是要風風光光耍威風，作頭的核心觀念是要學習基督的樣式，當你決定學習基督的樣式，你才有資格作頭。

<u>這並不是老掉牙的信息，反而是現在最需要的信息。</u>作頭的意義是責任和榜樣，如果一個家庭、一段感情要經歷改變，當中作頭的必須先改變。開車時要開往某個方向，車頭就要先轉往那個方向，不可能輪胎先往南走，車頭再後續跟上，這是不可能發生的事情。所以弟兄們請明白一個道理，若想作頭，那就必須承擔更多的責任，在一段關係中，弟兄要先改變。

前面說到了話語的重要性，這也就是為什麼，我要鼓勵弟兄們先學會說話，因為「頭」要先學會說話！別再找藉口說自己的個性「就是這樣」「喔～我很木訥」「喔～我不會講話」，請現在就把這些藉口丟掉。因為男士的風範就是要向主對齊，現在起，就從耶穌基督的身上學會怎

> 當一個弟兄決定從神身上學習怎麼作一個好男人，他的家才有救。

麼作男人，不要只想得到頭銜，不要只想著要妻子聽你的，你還要學會先開始改變，因為伴隨頭銜而來的是榜樣和責任。如果一個男人在教會裡一輩子，卻表現得扭扭捏捏不敢承擔重任，那你讀再多的聖經、做再多的禱告都無法改變你的家庭和婚姻。當一個弟兄決定從神身上學習怎麼作一個好男人，他的家才有救。不管你現在是學生、是醫生，抑或是各行各業的專業人士，在人前多呼風喚雨，但弟兄們，你的榜樣只能是耶穌基督，你在家裡不要一副作老闆、當大爺的樣子。你在家裡最應當的身分，是一個學像耶穌基督的柔和謙卑、學耶穌做人、學耶穌說智慧話語的人。

人的生活品質如何，甚至連一個人的生與死，都在話語的權勢下，話語可以壓碎人、可以改變位分、可以興邦或喪邦。話語是非常有能力的，所以弟兄們，你們應該先從學習改變說話方式開始，為你的人際關係、家庭、婚姻帶下改變。成為男人是天生的，但活出真正男士的風範，是一種選擇。我們不能選擇自己的性別，但我們可以選擇要活出怎樣的風範。神就是最好的學習典範，當你學像基督、認真學習神的話語，你也會越來越像一個真正的男人，一個會溝通的男人。

┊┊┊┊┊ 從神的榜樣學說話

後來，他們打發幾個法利賽人和幾個希律黨的人
到耶穌那裡，要就著祂的話陷害祂。他們來了，
就對祂說：「夫子，我們知道祢是誠實的，什麼
人祢都不徇情面；因為祢不看人的外貌，乃是誠
誠實實傳上帝的道。納稅給凱撒可以不可以？我
們該納不該納？」耶穌知道他們的假意，就對他
們說：「你們為什麼試探我？拿一個銀錢來給我
看！」他們就拿了來。耶穌說：「這像和這號是
誰的？」他們說：「是凱撒的。」耶穌說：「凱
撒的物當歸給凱撒，上帝的物當歸給上帝。」他
們就很希奇祂。　　（馬可福音十二章13～17節）

這段經文具有十足的戲劇張力，是有一群人明目張膽地
來找耶穌碴的橋段。不知道你生命中有沒有這種一看就知道
他要來找架吵，或是一看就知道圖謀不軌、絕非善類的人？
當你遇到這種人的時候通常會怎麼應對呢？我想大部分的人
都會盡量避免跟這樣的人接觸，另外少部分的人遇到挑明就
是來踢館的傢伙，則會直接不客氣地兇回去，讓對方知道我
們也不是好惹的。

但是耶穌並沒有做任何上述所提及的舉動，非但沒有

被他們激怒，也沒有回應他們直球對決的問題，反而用智慧四兩撥千金地問他們說：「上面的像是誰的圖像？」我在想，耶穌在這裡為我們示範了回答問題的智慧和氣度，因為我們大多只會從是、非、對、錯的角度切入，若是這樣，這題明顯就只有兩個答案，要嘛就是可以納稅給凱撒、要嘛就是不行，若說不行，就會公然違背當時羅馬的律法。耶穌卻用一個最和平又有智慧的提問，化解這劍拔弩張的場面，倒讓對方無話可說了。學習說話很重要，每個人都需要學習好好說話，接著就要來了解，該如何像耶穌一樣以神的真理為根基來學習說話？

你說出的話就代表你這個人

希伯來書一章3節說：「祂是上帝榮耀所發的光輝，是上帝本體的真像，常用祂權能的命令托住萬有。祂洗淨了人的罪，就坐在高天至大者的右邊。」神的形像就是祂話語顯出來的樣式，祂的話語是什麼，那話語就代表了祂自己。約翰福音一章1節說到：「太初有道，道與神同在，道就是神。」由此可見，耶穌基督來到世上就親自示範何謂「一個人說出什麼樣的話，他就成為什麼樣的人」，這也是我們該去效法的。但這個世界所呈現的樣貌卻與這個道理相悖，所以也不會聽見這樣的教導，世上很多的話語都充滿了苦毒、欺騙、拐彎抹角。當你說出苦毒、欺騙、拐彎抹角的話時，同時也向對方揭露了你的人格品行。所以容我再強調

一次，請將這個觀念放心上
——你說出的話就代表你這
個人，要常常謹慎自己的話

語，說話不要隨隨便便，不要想到什麼說什麼，彷彿說話不
經大腦，也不要見人說人話、見鬼說鬼話，做人表裡不一。

　　你知道嗎？聽一個人說話，大概就能知道他是怎樣的
人了。你一定也有過這樣的經驗，當你上了公車或捷運，
發現旁邊或在某處有一個人用「很高亢」的聲音聊天，而
且不想聽他講都不行，這時候，你大概也心裡有數，他是
完全不顧別人感受的人，而且你完全可以想像他的家人有
多辛苦？

　　另外，因為這幾年有一些教會以外的主日講台服事，
原則上我會以自己教會的行事曆為優先，所以真正能夠出去
服事的週末很少，加上邀約也多，常常都有排不進行程的難
處，祕書也常接到手軟，我就提醒我的祕書，邀請的教會大
小還是其次，首先要考量的是，千萬不要答應那些沒有禮
貌的邀約者，不管對方教會崇拜人數多少，我是絕對不會去
的，因為沒有禮貌的人，也不會對同工仁慈，不會以禮善待
同工的團隊，也不會做成什麼大事。

　　弟兄們，上述也提到，男人的話語也顯出了他的本
性、他的心，因為整個男士的風範就是對齊耶穌基督，若
你滿口髒話，你就是那樣汙穢的；若你任意欺騙他人，那
你就是個欺騙者；若你無法勒住你的舌頭，你就會是一個

一個人說出什麼樣的話，
他就成為什麼樣的人。

隨便的人，常常會不小心點燃森林大火的人。聖經裡說：「你見言語急躁的人嗎？愚昧人比他更有指望。」（箴言二十九章20節）若你性子急急躁躁，說話不加思索就脫口而出，那連愚昧人都比你有智慧。整個溝通的最開始，必須從一個謹慎的態度開始，你怎麼說話，就代表你是個怎樣的人，如同神所說的話就代表祂的本性，祂就是祂話語榮耀的光輝、本體的真相，道就是神自己。

你說的話也代表你的品格和肚量

啟示錄有一段經文，說明了神的寬廣：「主神說：『我是阿拉法，我是俄梅戛，是昔在、今在、以後永在的全能者。』」（啟示錄一章8節）阿拉法和俄梅戛分別是希臘字母中最首與最末的兩字，也就像是英文字母中的A和Z，神以這個比喻來表達這世界的開始到終了都是祂，而在這中間能夠容納百川、容納一切的，就是神的肚量和神的品格。

約伯記二十七章4至5節：「我的嘴決不說非義之言；我的舌也不說詭詐之語。我斷不以你們為是；我至死必不以自己為不正！」約伯的一生非常辛苦，身邊的人不斷地咒詛他，但他還是說：「我的嘴決不說非義之言；我的舌也不說詭詐之語。」（約伯記二十七章4節）一個人的品格和肚量，取決於他能不能夠接納，並且在最不容易的時刻，仍然選擇不用惡語，並且保持紳士的風範。如果有一

天，你也與約伯一樣，失去了所有，請千萬不要失去你的品格，不要失去說話的格調。失去其他的一切還會回來，一旦失去了品格，就沒有人願意再相信你。聖經在詩篇十五篇，大衛的讚美詩中，如此形容一個有品格的人：

> 耶和華啊，誰能寄居祢的帳幕？誰能住在祢的聖山？就是行為正直、做事公義、心裡說實話的人。他不以舌頭讒謗人，不惡待朋友，也不隨夥毀謗鄰里。他眼中藐視匪類，卻尊重那敬畏耶和華的人。他發了誓，雖然自己吃虧也不更改。他不放債取利，不受賄賂以害無辜。行這些事的人必永不動搖。 （詩篇十五篇1～5節）

這段經文教導我們，誰能住在耶和華的聖山呢？就是那些說誠實話，且說話算話，對自己說出口的話、做的承諾，不會任意更改的人。所以當一個人說話隨隨便便，就代表這個人的品格出了問題。我們的生命，應該活出這段經文所描繪出的榜樣，特別在與人溝通的時候，別隨意說出那些你收不回來的話，不然到時候真的沒有人會再相信你說的話了。

你說的話也代表你的名聲

> 我要向祢的聖殿下拜，
>
> 為祢的慈愛和誠實稱讚祢的名；
>
> 因祢使祢的話顯為大，
>
> 過於祢所應許的。　　　　（詩篇一三八篇2節）

另一個版本將最後一句「過於祢所應許的」譯作「超乎祢的名聲」，應用在我們日常中，意思就是說的話如何，也決定了他的名聲好壞。你若答應了公司主管幾月幾號就要完成產品，就該在幾月幾號之前完成。擬定了完成日期，就表示該遵守約定，這也代表了你的名聲。若每次都是時間一到，發現無法如期完成，才賠不是、才給一堆無法做到的理由，那你的名聲就會被打壞，給人留下「說話不算話」的印象。

有天晚上，我要從杭州飛新加坡，準備赴約隔天早上的講道，但那晚我腸沾黏發作，隔天一早整個人痛到不行，台灣的弟兄姊妹和家人紛紛傳簡訊來關心，好幾個人勸我跟新加坡那邊的教會說一聲，取消服事好好休息。雖說，偶爾還是會遇上這種不可抗力的因素，但講員遲到變成一種慣性、一種常態就不對了，每次都到講道前最後一秒才說不能來了，這無疑會造成他人莫大的困擾。

那時很多人勸我不要去了，但我想，既然已經答應人

家，我還是要履行我所說
的話，後來神給我特別的
恩典，讓我順利完成那天
主日講台的服事。我不喜

歡隨便改來改去，甚至最後一秒才更動，因為你所說出來的話就代表你的名聲。名聲是你在別人心中的分數，那是用再多錢都買不到的，一旦名聲破裂，就很難再翻身。也許我們最該謹慎留心的不是銀行存款，而是你在別人心中的名聲。

　　為什麼有時候我們會看見在一段婚姻裡，不管丈夫再承諾什麼，妻子已經不再相信了。丈夫都會很納悶這是為什麼？但其實不必問為什麼，肯定是在這之前，你一而再、再而三地將自己的名聲弄沒有了。我相信人本性是善良的，但若有一天，你說什麼別人都不信的時候，就代表你將自己的名聲搞到很糟糕的地步了。而名聲是怎麼搞成這樣的呢？八九不離十，就是因為你隨口所說的話後來沒有履行承諾。神的話語超過祂的名，因此我們也應該學習謹慎自己說出的話，小心我們與人的對話，保守我們自己的好名聲。

你說的話會帶給人信任感

　　羅馬書中說到：「信道是從聽道來的，聽道是從基督的話來的。」（羅馬書十章17節）當你聽到神的話，信心

就開始增長，越來越相信在神凡事都能。同理，**你可不可以繼續相信這個人，取決於他說話可不可靠**。如果一個主管總是朝令夕改，今天說要改這個，明天又推翻自己的意見，若你的主管是這副德性，你覺得你還會跟他一起工作多久？你常常不信守自己講出來的話，難怪別人對你沒有信心。

有個妻子嚴正地告訴丈夫不要再喝酒了，因為她的丈夫每次喝完酒都會情緒失控。當一個人嚴正地告訴你別這樣了，且你也已經答應了對方的請求，那就千、萬、不、要、再、這、樣、了！否則你說出來的話，就沒辦法讓人信任，話語是信心的來源。

若有天你發現，大家都不再聽你講話了，你要知道，那是因為他人對你說的話已經失去信任感了！舉個例子，有兩個人約好在禮拜天早上去看電影，一個是基督徒，一個不是，那個不是基督徒的人感到有點困惑，便問了那個基督徒：

「你禮拜天早上不是要去教會嗎？」
「喔，不用啊，因為我跟他們說我媽生病了。」

不知你是否有看出其中不合理之處？媽媽生病了，不能去教會做禮拜，卻可以去跟朋友看電影？我想，這是教會裡的小組長十分熟悉的回答，其實，不要以為小組長們

都很好騙，好像你說什麼他們都會相信，他們只是不跟你計較而已。但這些謊言說久了，當說謊成為你的習慣，你的話語不只會顯露你的本性，還會破壞你的名聲，讓人對你失去信任。

我想起一段特別的往事，當我剛開始帶小組的時候，我曾在靠近松山火車站那裡帶小組，每到小組時間，我就要從中研院騎車到一間音樂教室進行聚會。小組開始前，我都會問有誰要來，因為我和我太太都會為小組員預備晚餐。有次，當我再次詢問誰會來時，有個組員告訴我他要加班，我跟他說：「加班加油啊！如果早一點下班，就趕快來吧！」結果，當我離開中研院，騎到後山埤站的一個路口待轉時，竟然看見剛剛跟我說要加班的組員剛好和我停在同一個待轉區裡，我們兩人看到彼此都一臉錯愕又尷尬，因為他正準備去別的地方。從此以後，那位組員講的任何話我再也無法相信。雖然有人告訴我，身為一個牧師，應該要相信弟兄姊妹，但老實說，我真的不知道該怎麼信下去。你說的話，就是別人對你的信心的指標；你說的話，就是別人的信心來源。

在婚姻中，太太有沒有安全感，取決於先生說話的誠實度；太太對自己的自信心也來自於先生對她說出的評價。男人的話語會為人建立安全感和信心，所以請不要任意批評你的太太，也不要對她說謊話。

你說的話，就是別人對你的信心的指標。

一旦你欺騙她，她對你的信心和安全感就會大大下降；一旦姊妹失去了安全感，那可是一場災難，任何不好的事情都有可能發生。一個愛碎碎念的姊妹，通常都有一個讓她沒有安全感的丈夫，你的話語可以創造出沒有安全感的另一半，也可以轉而幫助另一半建立自信心，請牢牢記住這件事。

你說到就要做到

希伯來書六章13至14節說到：

當初上帝應許亞伯拉罕的時候，因為沒有比自己更大可以指著起誓的，就指著自己起誓，說：「論福，我必賜大福給你；論子孫，我必叫你的子孫多起來。」

在這段經文中，我們可以看見神用什麼當作祂誓言的憑證？由於祂找不到比自己更大的作祂的憑證，便用自己的話語作憑證，也就是說，神用祂的話來約束自己，來成就祂所說出來的東西，在以賽亞書五十五章11節中也提及了這件事：

我口所出的話也必如此，決不徒然返回，卻要成就我所喜悅的，在我發他去成就的事上必然亨通。

祂怎麼說，事情就會怎麼成就，因為祂用自己的話語約束自己。你如果一句話說出去了，卻不自我約束，那你為什麼要說呢？你這麼做，只會帶給別人「你言而無信」、「你說謊欺騙」的形象而已，難道，用自己說出去的話來約束自己的行為，很困難嗎？若你知道你說出去的話不會成就，那你為什麼要說？你想想，你這樣子說話會有任何人從中得益處嗎？

神給我們的榜樣就是說出的話不會返回，所以我們才能堅定地倚靠祂，<u>**祂是一個說話算話的神**</u>。所以，我鼓勵你，不管是在婚姻、感情，各方面的人際關係中，也作一個說話算話的人，這是關係中安全感的來源，也是信心的指標，那也代表了你自己的名聲。你說出來的話，就是你的約束！

當台北復興堂還沒有現在的規模時，我們都不太敢請國外的講員來，因為想到那些講員遠道而來，卻看到台下只坐小貓兩三隻，覺得對那些講員很不好意思；然而，好不容易，教會終於成長到一個階段，會友能坐滿會堂了，我也鼓起勇氣去邀請一位國外知名講員，他也答應要來講道，當我向會友公布這個消息時，大家也高興得不得了，原本需要去到巨蛋那種大型特會才看得到的講員，居然在一兩個月後要親臨復興堂。雖說，邀請國外講員也不是件容易的差事，從機票錢、住宿等事務都要去聯繫打點，但我還是甘之如飴，結果到了當天，參與那場講道的會友，居然連三分之二個會堂都沒坐滿，那次的經驗令我很挫

折，彷彿被重擊在地。

當特會DM出來的時候，大家都感謝我為教會請到這麼有分量的講員，但到了當天，有人說「要加班」，有人說「有事」，總之，都有「很合理」的理由不來參加。雖然那名國外講員並沒有說什麼，但我心裡還是很難過，除了難過大家錯過了這麼好的一場聚會以外，更難過的是大家並不看重「說到做到」這件事，難過大家完全不在意自己所說出的話，說要來，最後都沒來，把放人鴿子當作正常的，每個答應「我要來參加」的，最後一秒都臨時變卦。其實，99%的藉口都能稱之為「高級的謊言」，被包裹在「合理」的包裝裡，但實際上，它仍是個謊言。容我再次提醒，用你所說出的話，來約束你自己吧！

當你填下要為哪個事項信心奉獻時，請約束一下你自己，一定要如期完成；當你答應小組長每天要靈修，請約束一下你自己，再累都要讀完；當你答應你的妻子、朋友和孩子幾點在哪裡碰面，請約束一下你自己，不要成為「養鴿達人」，放鴿子成習性。所有的關係好壞，都在乎你說出的話是否有做到，那代表著你的本性、你的品格、你的肚量，也代表你的信用和個人名聲，而你說出話的那一刻，也是你自我約束的開始。

在作輔導的時

> 99%的藉口都能稱之為「高級的謊言」，被包裹在「合理」的包裝裡，但實際上，它仍是個謊言。

候，有些孩子借同學橡皮擦，同學沒有還他或在學校被同學騙，這些種種對他而言可能都還算小事，孩子心中最難受的，是被自己的父母欺騙。我就聽過有一個孩子滿心期待爸爸陪他去打球，爸爸也隨口答應了孩子的請求，還對孩子保證假日一定會排除萬難陪他打球，到了爸爸答應的那個假日的前一天晚上，孩子興奮到穿著球衣睡覺，但隔天一早，爸爸還是出門去忙工作的事，媽媽還要幫忙圓謊，安撫孩子乖乖吃中飯，哄孩子說爸爸下午就回來，不料爸爸到晚上都還沒回家。經過這次經驗之後，你認為這個孩子要花多大的努力、多大的勇氣，才能再次信任父母？

　　這世代，人們相互不信任，是情有可原的，原因如我一開始說的，這個世界沒有人教導我們這個道理，還記得剛進社會遇到的那些公司老長官嗎？是不是他們教你說一套，做一套的？是不是他們教你先給客戶一個說法，到時候客戶問起時再講實話？我們是不是也是這樣待人處事的？不管是對妻子、教會的小組長、牧師，你是不是都這樣對他們？為什麼要這麼輕忽你說出來的話？也再次呼籲，尤其是弟兄們，從作頭的開始改變，讓我們在溝通的事上學習與神的性情對齊，把神對自己話語的看重，當作我們的榜樣。

亞拿尼亞夫婦事件

使徒行傳中有個「亞拿尼亞夫婦事件」：

有一個人，名叫亞拿尼亞，同他的妻子撒非喇賣了田產，把價銀私自留下幾分，他的妻子也知道，其餘的幾分拿來放在使徒腳前。彼得說：「亞拿尼亞！為什麼撒但充滿了你的心，叫你欺哄聖靈，把田地的價銀私自留下幾分呢？田地還沒有賣，不是你自己的嗎？既賣了，價銀不是你作主嗎？你怎麼心裡起這意念呢？你不是欺哄人，是欺哄神了。」亞拿尼亞聽見這話，就仆倒，斷了氣；聽見的人都甚懼怕。有些少年人起來，把他包裹，抬出去埋葬了。約過了三小時，他的妻子進來，還不知道這事。彼得對她說：「妳告訴我，你們賣田地的價銀就是這些嗎？」她說：「就是這些。」彼得說：「你們為什麼同心試探主的靈呢？埋葬你丈夫之人的腳已到門口，他們也要把妳抬出去。」婦人立刻仆倒在彼得腳前，斷了氣。那些少年人進來，見她已經死了，就抬出去，埋在她丈夫旁邊。全教會和聽見這事的人都甚懼怕。　（使徒行傳五章1～11節）

神透過這個事件教導我們不要隨便說話，因為你看似欺哄人，事實上你欺哄的是聖靈，在故事中，亞拿尼亞夫婦的結局是立刻在教會領袖面前仆倒斷氣，**所以，讓我們認真對待我們說出口的話好嗎？**

我記得，當我知道教會的一個弟兄 Allen 決定要和 Gina 姊妹交往時，我非常慎重地把 Allen 叫來，情詞懇切地跟他說：「Gina 在這幾年家裡經歷了一些事情，我把她當自己的女兒看待，我陪伴她走過那些低潮和難熬的日子，現在，我好像一個父親把她交在你手上一樣，請你記得，你千萬不可以欺負她。」教會裡的每一個姊妹，對於我們這些牧者、傳道人來說，就像親生女兒一樣，多希望她遇到的弟兄是個說到做到、說話算話的人，多希望那位弟兄不要欺騙她。

如果你是曾遭遇欺騙的人，我懇求上帝現在就來醫治你，因為要重新恢復那份信任是困難的，但神有超自然的大能，在人不能，但在神凡事都能。

親愛的天父，

求祢教導我越來越像祢，
像祢那麼安慰人、像祢那麼造就人；
像祢說出的話絕不反悔、
像祢那麼信實完成祢所說的。

特別是我們這群作弟兄的，
求基督在我們生命中成形祢的樣式，
讓我們從祢身上學會，
如何成為一個不是只剩一張嘴的男孩，
而是成熟且為自己負責任的男人。

奉耶穌基督得勝的名禱告，阿們！

Chapter 5

抱歉，
我只能接收到
20%……

「老婆，我今晚七點半可以跟同工們去看電影嗎？
看完很快就回來了……。」

「可以啊，你去啊。」

請問，我可不可以去？

健康的心理情緒會造就美好的溝通，上一章我們提到了話語的能力，話語能夠帶下祝福，也可能帶下咒詛；也提到聖經談論的不是「男人是女人的頭」這類的性別話題，而是提到弟兄是頭，所以頭必然要先在溝通上做改變，作頭的改變了，整個家就會被更新。

這一章我們要來談何謂「有效的溝通」，該是時候改變過去多年來你一直在使用，卻始終無效的溝通方式了，我們可以選擇用更好的溝通方式，來改善我們的人際關係與生活品質。

認識的意義

在介紹更好的溝通方式之前，我想先分享一段經文：

我們務要認識耶和華，
竭力追求認識祂。
祂出現確如晨光；
祂必臨到我們像甘雨，
像滋潤田地的春雨。　　（何西阿書六章3節）

我們基督徒認識神，不能是粗淺片面的認識，而是整個人要竭力追求認識神，當我把「認識」的所有英文翻譯列出來，會很驚訝地發現，原來認識沒有想像的那麼簡單，當中蘊含的意義是非常豐富的，請見下圖：

認識

英文翻譯	蘊含的意義
knowing, knowledge, perceive, shew, tell, wist, understand, certainly, acknowledge, acquaintance, consider, teach.	認識、察覺並看出、發現及辨別、區別、分辨、由經驗中領悟、體認、承認、思索、熟識、有知識的、智慧的。

圖 5-1

　　如果我說，每個禮拜天坐在教會聽講道，並不是竭力追求神，你同意嗎？因為竭力追求神是需要花時間觀察、察覺、在經驗中領悟的，觀察為什麼這個舊約人物要這樣做？為什麼這個道理在這一處會用這個說法，在另一處又以另一個角度切入？為什麼神跟亞伯拉罕是這樣相處，而與約瑟又有截然不同的際遇？竭力追求認識神是需要下工夫的，要花不少的時間去觀察、推敲、研究，你覺得你有竭力追求認識神嗎？

　　當我們這樣認識神時，聖經上說將會帶下曙光一般的祝福，我們會撥雲見日，甚至會有秋雨、春雨的福臨到我們的生命。什麼是秋雨、春雨呢？這是以農人的生活來做比喻，當秋雨、春雨的季節來了，農田就會進入收割的祝福之中，意味著，當我們竭力去追求認識神，我們必會看見神要給我們的祝福是超乎所想地大，就好像花香瀰漫在

你整個生活中。

　　為什麼我要花時間分享這段經文和介紹「認識」的意義呢？原因是，是否明白和做到「認識」這件事，剛好與我們這次所探討的主題——好或不好的溝通息息相關，且是一段溝通成敗的關鍵！若「認識」富含這麼多深層意義，我們又何嘗不應該花時間，並下工夫對我們周圍的家人、朋友更多觀察、思索、分辨、了解，來讓我們達到更有效的溝通？

溝通三要素：說、聽、明白

　　溝通，是當你與他人分享資訊和心情的過程時，不論是用語言或非語言，一定要讓對方明白你要表達什麼，同時也要明白對方想要表達什麼的過程。溝通過程中包含三個要素：說、聽和明白，也許我們過去只做到了說、聽的動作，卻缺乏了一個認知——明白，我們是否真的明白彼此要表達什麼？

　　我們再回頭檢視一下何西阿書六章3節的經文，我們認識神也都需要經過這個過程，認識神不是聽聽講道就算完全認識，也不是信主越久就越認識神。竭力認識神就是要下工夫、仔細地聽、認真地去想、去看，一步一步去明白祂是怎樣的一位神，祂會怎樣在我們生命中工作？同樣地，在你跟配偶、孩子相處時，不要以為在一起三年、五年、十年就等於認識對方，你可能聽過有的配偶、父母

會說：「哎唷，這個人下一秒要幹嘛，我閉著眼睛想就知道。」「我完全知道他／她等一下要做什麼了！他／她就是這樣的一個人啦！」這些話有沒有覺得很熟悉？但是，我們真的能夠完全掌握一個人嗎？有時候我們連自己都不知道自己在幹嘛了，我們又怎麼能夠用三言兩語掌握住別人呢？看完一場電影、聽完一場音樂會、閱讀完一本書，都會有一些頓悟和改變了，那我們怎麼能夠一口咬定，我們所了解的對方，就是跟過去所認知的一樣？

很多的時候，我往往需要再次去聽、去看，去了解對方為什麼要這樣做？為什麼對方會有這樣的反應？對方的心情是什麼？對方的表情是什麼？所以，你必須不斷透過說、透過聽，還要加上理解和明白，你才能夠真正認識對方。

怪不得，有些家庭從來沒有經歷過秋雨、春雨，卻常常遭遇颱風天，每一次溝通都會感到烏雲密布、沒有曙光。因為這些家庭中的人總覺得都有講了，卻毫無用處，以為講完了，事實上卻沒有互相明白對方的意思。

溝通，何止三言兩語？

溝通，無法僅藉著三言兩語達成，一點都不簡單！我每次跟一些家庭出現風暴的夫妻談話，面對問題癥結點，他們都覺得自己已經說了能說的，但把話攤開來講，雙方都會喊冤，表示自己不是這個意思，而是另外那個意思。

可見有時候你講出來的事情，對方不見得能夠完全明白。在我跟他們談話時，當其中一方講完話，我最常問這句：「你有聽過他講這些嗎？」多數的另一半都表示從來沒有聽過那麼完整的版本，或是回答：「有，但是今天終於聽懂了！」

溝通學者指出，在人類的溝通當中，有55%是身體語言，38%是聲音的語調、大小、音色、音量，這些部分就佔了93%，最後只有7%才是說話的內容。也許你也曾有過這樣的經驗，你跟對方講了一個小時，你開始感到口渴，事情卻沒有任何改變。這也就是為什麼，那些業務高手，明明賣的東西的成分比你賣的東西差、真實性又錯誤百出，但是人家業績就是嚇嚇叫，就是因為內容其實只佔7%，其他都是靠身體語言和非口語行為促成的。

再舉個例子，「你今天要回家吃飯嗎？」短短幾個字，只要聲音語調不同，就會帶出不一樣的意思。我們若不全力去聽、去看，往往會造成無效的溝通，彼此接收到的資訊和理解都會存有許多落差。這時我們也可以明白為什麼神只給我們一個嘴巴，卻給我們兩個眼睛和兩個耳朵，說一定要比聽少一點，否則溝通肯定無效。

通常禮拜五到禮拜天，是牧師最忙碌的時候，禮拜五開一整天會，晚上還要看練團，禮拜六又有一些訓練和裝備課，晚上也要開會，禮拜天兩堂

> 說一定要比聽少一點，否則溝通肯定無效。

主日聚會，中午還有其他事情，一路忙到禮拜天傍晚。每次到了禮拜天傍晚，就有鬆了一口氣的感覺，我就會在我的LINE群組找一些同工說：「我好累喔！」前陣子就有個真實案例，有個同工就在這時刻告訴我：「牧師，最近卡通《獅子王》翻拍的『真獅版』上映了！聽說裡面的音樂很好聽！」我聽了很興奮，馬上一口答應，同工群也立刻約了時間，決定晚上七點半在電影院會合，一起去看電影。當一切都約好之後，我才驚覺，完了！忘了先跟老婆說了！如果她知道我這禮拜天晚上又要把小孩丟給她一人顧，我都已經想到她會跟我講什麼了……。這時的我陷入兩難，一邊是已經答應好我的同工要去看電影，一邊是我的家庭，我戰戰兢兢地撥通電話：

「老婆，我今晚七點半可以跟同工們去看電影嗎？
看完很快就回來了……。」
「可以啊，你去啊。」
請問，我可不可以去？

若單從字面上來看「可以啊，你去啊」這句話，不管左看右看、上看下看、查考字典，都不會認為這裡面有「不行」的意思，但我告訴你，如果你真的去了，到時候你就知道厲害了！接下來你要面對的，何止是颱風天，根本是大風暴等級的場面。很多時候，每個字分開來看，我

們都讀得懂，就以為我們真的聽懂了，但其實不然。

研究指出，在溝通過程中，你最多只能接收到聽見的訊息20%的內容，就算叫對方再講一遍，還是只能接收20%。然而，我們常常只利用這五分之一的訊號，妄自對某件事情下定論、給別人貼標籤、自以為什麼都懂了。我必須告訴你，這個樣子到後來一定會出事，並且會對自己在這過程中所說的話感到後悔莫及。箴言十八章13節就曾對此做出非常重要的提醒：

未曾聽完先回答的，便是他的愚昧和羞辱。

神的話實在非常有智慧！你是否經歷過，當資訊一來，自己沒有想清楚就立刻回應，當下你以為自己大致掌握了重點，嘴上也都說：「懂了啦！知道了！」但聖經裡說的就是這種人，如果對於那個資訊沒有完全明白，那你的回應只會讓自己顯得愚昧，且增加自己的羞辱，讓人覺得你什麼都不懂，如半桶水響叮噹，缺乏深度。

沒有人是你肚子裡的蛔蟲！

我嘗試列點出來讓大家更清楚，我們常以為溝通僅是言語間的往來，但事實上，溝通專家指出，當兩人交談時，可能傳達出以下六種訊號：

1.你真正要說的是什麼

2.你實際說出的

3.對方所聽到的

4.對方認為自己所聽到的

5.對方對你所說的東西的自我解讀

6.你認為對方對你所說的話的解讀

雖說，溝通在傳達的是你心裡想說的話，但我們總是心裡想的是一個，講出來的又是另一個，然後對方聽到的又是另一回事。最可怕的是，對方還有他的自我解讀，這個解讀，往往跟當初你心裡想說的內容，已是天和地的差別，表達這件事，說有多複雜就有多複雜。

我舉個例子，一次母親節剛過，媽媽希望孩子可以多陪陪她，心裡想著「我很孤單，你能陪我嗎？」但實際說出口的卻是「你今天會回來吃飯嗎？」你認為這句話能夠確實傳達這位母親心裡所想的嗎？「你今天會回來吃飯嗎？」傳達出來的意思能夠完全代表「我很孤單，你能陪

我嗎？」的意思嗎？當然不行，但我們也常這樣口是心非，還進一步期待對方能夠打從心底知道我們心裡的想法，這樣合理嗎？

事實是，對方並不會照著你的想法去理解你說出的話，孩子聽到的可能會是「你到底要不要回來吃飯？」且還帶有怒氣的成分。一句話會受你說出話當下的表情和時機點影響，導致對方接收到的，和你講的意思有出入。而這時帶著怒氣的「你到底要不要回來吃飯？」已跟最初的「我很孤單，你能陪我嗎？」的意思相差更遠了！

接下來，因為那個孩子認為自己聽到的意思是「我想知道你今晚的行程」，所以他對母親說的那句話的解讀是「掌控你的一舉一動我才放心」，這時，這個解讀根本已經跟母親最初的想法，可謂是北極到南極的距離了！一連串的誤解搞到最後，那位母親對兒子無言以對的解讀是「兒子根本不在乎我」！

這整件事情整理如下圖，你將會更明瞭在這過程中究竟發生了什麼效應：

你真正要說的是

我很孤單，你能陪我嗎？

你實際說出的

你今天會回來吃飯嗎？

對方所聽到的

你到底要不要回來吃飯？

對方認為自己聽到的

我想知道你今晚的行程

對方對你所說內容的自我解讀

掌控你的一舉一動我才會放心

你認為對方對你所說的話的解讀

你根本不在乎我

圖 5-2

你想想，溝通是不是太重要了？原本單純的一件事、一個想法，竟因著仇敵的殺害、偷竊、毀壞，而演變成如此局面。仇敵遍地遊行，就像吼叫的獅子，那些獅子彷彿就在你家裡等著，想找機會帶來風暴般的毀壞，讓你的家庭無法得著春雨、秋雨的祝福。很多家庭的關係為什麼總是烏煙瘴

氣？因為我們沒有學會有效的溝通，還不懂得如何「竭力追求地認識」。有時我們以為話說出口就算講完了，話語就是一些字句，聽懂就聽懂，其他用猜想的就好，卻又會期待那個跟你在一起很久的人一定可以明白你在想什麼，甚至還會抱怨：「怎麼連這樣子你都不懂？還說你愛我！」若你照這樣的劇本進行溝通，那就等於你在期待大家都是你肚子裡的蛔蟲，這個期待是完全不合邏輯的。

::::::::積極的聆聽帶來真正的明白

你是否有這樣的錯誤想法：

· 我這樣講就是代表這個意思！
· 不需要那麼明講，說穿了就沒意思了。
· 這麼多年了，你應該要變成我肚子裡的蛔蟲吧？

我們常常用這些想法來思想我們的關係，難怪關係會遇上瓶頸，且越弄越無解。雅各書裡有一段經文這樣說：

> 我親愛的弟兄們，這是你們所知道的。但你們各人要快快地聽，慢慢地說，慢慢地動怒。
>
> （雅各書一章19節）

聖經告訴我們，若要為陷入混亂的溝通解套，第一步驟就是要**快快地聽**，而「快快」就是積極的意思，所以要達到有效溝通的第一步，也就是**積極聆聽**。什麼是積極聆聽？就是完全專注在對方想說的事情上，而且要非常想要了解對方的意思，而不是總想著當對方停下來時，你要說些什麼。「積極聆聽」中，包含兩個重要的意義：

1.完全專注；
2.積極想了解眞正的內涵，而非表面上的字句。

如同上述我要去看電影的例子，那句「可以啊，你去啊」，若你不去了解這句的內涵，到時候必定會招來腥風血雨的世界大戰。我曾在我同工畫的一張漫畫上，看到這樣的文字：

最遙遠的距離是，我們大吵了一架，我以為你不
說話是在生氣，結果你只是睡著了……

在溝通時，會害死人的就是這句「我以為」，溝通到最後都會聽到對方說：「我以為你生氣了」「我以為你不喜歡這個」「我以為你不要了」，如果都在那邊互相「以為」，為什麼不乾脆

> 在溝通時，會害死人的就是這句「我以為」。

問清楚呢？把它確認清楚不好嗎？如果什麼都只會「我以為」，最後就是會導致很多的誤解。網路上有句話是這樣說的：

> 每個生氣中的女人，背後往往有一位不知道自己
> 做錯什麼的男人。

我有時候會看到女生說：「上次不是告訴過你了嗎？」「你自己想啊！」其實我也不懂，妳為什麼不講？常常把男生搞得一頭霧水，每天要他猜。姊妹們，老實說，男生真的不知道！有時候妳想吃水餃，有時候想吃鍋貼，有時候又不想吃瀎粉，這要怎麼猜啊？但不猜又不行，猜錯又要被罵：「在一起那麼久了，你還不知道嗎？」後來很多男生都學會了「四兩撥千金」，這都是被姊妹訓練出來的。有時候我們講不清楚，又以為對方懂，這種狀況其實也是無效的溝通。

舉一個例子，先生每次一回家，就會看見臉很臭的太太，而太太一看到先生回家了，做事就會故意發出聲響，炒菜聲變大聲了，洗碗聲也變大聲了，拖地一定會拖先生坐的沙發前面那一塊地板，所以那塊地板總是特別亮，一邊拖還會一邊不耐煩地說：「做家事真的很累！」下一秒，先生馬上回應：「那就不要做啊！我不是跟妳講過可以不要做？我請人來打掃就好了嘛！」先生想要立刻

解決問題的結果，卻往往適得其反。弟兄們，我跟你們說一個祕密，太太的意思根本不是要你叫人來打掃，她只是需要你看著她，跟她講：「太太，妳辛苦了，要不要我幫妳？」只要你講了這句話，太太馬上會說：「不用了啦！有這個心就不錯了。」其實你真的去幫她，她可能還會更亂，中間插一腳真的會亂掉，到時候弄到小孩的東西都不知道要擺哪裡。太太要的只是先生的理解，先生只要說：「妳辛苦了，要不要我幫妳？」弟兄可以把這句話放在心裡多練習幾次，相信我，你需要多做這個練習，到時候你太太一定會跟你說「不用」，然後這時你就在心裡說感謝主就好了，真的，這樣就好了。（當然，也要謝謝子駿牧師！）

很多時候，因為彼此不了解對方背後的意思，而做了很多無效的溝通，溝通到後來，已經跟最初的想法完全不同，甚至到了荒腔走板的局面。你是否發現，你也常在這類無效的溝通裡面打轉。假如有一天早上你開車從車庫出來，一左轉撞到一面牆，然後你就倒車加上迴轉，從另一邊出去，到了第二天，你一出車庫左轉後，又遇到同樣的狀況，我問你，第三天你還會左轉嗎？下個月還會左轉嗎？當然不會，如果你還會左轉，那代表你的腦子真的有洞！如果左轉這個辦法行不通，你就右轉嘛！為什麼結婚了十幾二十年，你還用同樣無效的方法解決問題呢？我們需要有效的溝通，才能有效地「明白」，我們一起來宣告：

> 我的家庭要撥雲見日，要看見曙光，
>
> 要經歷秋雨、春雨的祝福，阿們。

⋮⋮⋮⋮⋮⋮ 避免七個無效的溝通

美國研究指出造成夫妻溝通困難的七個原因，我在這邊把這七個原因列出來，讓大家可以藉此學習，避免去走那些讓溝通變得困難的冤枉路：

一、彼此打壓

彼此打壓就是成語「先發制人」的意思，也就是當你抓到對方的把柄，你就用一種武裝的情緒去攻擊對方的弱點，不斷地表達「這就是你的錯誤！」「你知道你這個做錯了嗎？」當你越這樣打壓，給對方的傷害就越深越重。一個人把自己武裝起來，抓著別人的弱點無止境打壓和攻擊，這樣就不是在溝通了，你只是塞住對方的口，讓對方再也不想跟你講什麼；不然就是逼著對方道歉，但就算得到了道歉，也不是發自內心的，只是讓眼前的風暴暫時停止而已，這就是彼此打壓造成的無效溝通。

約翰福音裡有一個驚天動地的大事情，就是一群人抓

到「正在行淫」的婦人，你看看這個場面多難堪啊！

> 文士和法利賽人帶著一個行淫時被拿的婦人來，
> 叫她站在當中，就對耶穌說：「夫子，這婦人是
> 正行淫之時被拿的。」（約翰福音八章3～4節）

由經文上下文得知，這些抓住別人把柄的人使出的手
段非常粗糙，竟直接把人拉到大庭廣眾下公審，讓這婦人
難看，同時也想讓耶穌難處理。當這個女人終其一生最不
想被發現、不想被掀開的遮羞布，卻遭到當眾揭發，你想
想那會是多大的羞恥和不堪？這些文士和法利賽人根本沒
有任何同理心，去想到別人的感受，這麼做無非是想來個
玉石俱焚，且完全不想善罷甘休，但那天，這個女子就是
在如此的光景中，從耶穌那裡經歷到她一輩子不會忘記的
愛：

> 耶穌就直起腰來，對她說：「婦人，那些人在哪
> 裡呢？沒有人定妳的罪嗎？」她說：「主啊，沒
> 有。」耶穌說：「我也不定妳的罪。去吧，從此
> 不要再犯罪了！」　（約翰福音八章10～11節）

當對方的把柄落到我們手上時，我們應該要在這事上
顯出基督的愛，這才是成熟生命的展現，而不是竊喜終於

找到好時機攻擊對方。再次提醒，絕對不要拿住把柄就將對方往死裡打，那樣不僅無濟於事，還會為你的人際關係帶來許多難以收拾的後果。

二、單向溝通

就是一方一直講，另一方一直聽、一直退縮、一直不斷地承受。一直講的那一方只是在「政令宣導」，把自己想講的講完，殊不知對方是沒有接收到的。

也許你有這樣的經驗，一個主管每次在早會時間就一直自顧自地講個不停，於是底下的員工也練就出一項特異功能，就是眼睛可以直視主管，還能隨時應聲點頭，但心裡想著的是今晚要去吃什麼餐廳、網購要買什麼衣服。當你在單向溝通的時候，對方只會創造出你想要的反應，然而心中卻放空或根本沒有接收訊息，那也是無效的溝通，對方根本聽不進去你講的東西。單向，是無法成就出互相明白和理解的局面的。

三、太過理智的溝通

什麼是太過理智的溝通呢？就是你們的溝通內容充滿話術和專業術語，聽起來像官話或政客的感覺。字句錙銖必較，好像不能講錯一個字。

舉個例子，夫妻爭執時，丈夫對太太這樣說：「就像妳剛剛講的第二句的第三個字一樣，已經帶有威脅的效果了，

根據民法第幾條第幾款，妳已經構成犯罪了，如果妳再繼續講，我是可以上法庭告妳的。」這種對話方式，道理講完，關係也沒了，講得那麼理性，你是期望對方怎麼回答你？難道要對方好像面對法庭上的法官般服從你一樣對你說：「對不起，我有罪！」這是你要的嗎？有的人可能讀過很多書，或禮拜天會在聽牧師講道的時候認真記筆記，但我最害怕有人拿著他的講道筆記告訴與他爭執的人理論說：「你看，牧師怎麼講的？」這種太過理智的溝通也是無效的，再重申一次：當你道理講完了，關係也破壞了。

四、間接或迂迴（透過別人）的溝通

　　這種溝通在家裡常常發生，就是找別人來幫忙溝通。通常發生在父母叫孩子去當傳聲筒的狀況，比如可能會跟孩子說：「你去跟你媽講……。」小孩也傻呼呼地去跟媽媽講，媽媽聽了後說：「你爸真的是這樣講？你現在回去跟你爸講……。」小孩就這樣每天一頭霧水地幫你傳話，但小孩也無法100%把你的情緒和心裡想講的東西講出來。你講那麼一大串，也無法一五一十地向對方表達你豐富的情感，你的孩子肯定是選個一兩句幫你傳話的嘛！一般來說會像這樣：

　　你跟孩子說：「你去告訴你媽，如果今晚我們不吃
　　水餃，我就不出門。」

小孩很乖，就跑去跟媽媽說：「爸爸說他不出門。」

你怎麼能夠掌握人家到底要選什麼話講呢？

媽媽聽孩子講完後說：「剛剛不是都講好了嗎？你跟爸爸說，如果今天不出門，我們就％＄＠＃！」

孩子又回去跟爸爸說：「媽媽說你不能不出門。」

爸爸又跟孩子說：「你有沒有跟她說我要吃水餃？現在就去跟她講，水餃是第一優先！」

孩子又去跟媽媽說：「爸爸一定要吃水餃。」

後來媽媽就發火了：「這男人真是不可理喻，竟然用水餃來威脅我，我嫁來他家煮了三十年水餃，今天我生日，難道不能讓我吃我喜歡的嗎？去告訴你爸，沒有水餃！」

這些間接和迂迴都是無效的。論到職場上也是，我們叫A去跟B講什麼，B又去跟C講，還覺得這樣很有智慧，以為有群眾輿論，又能夠煽動別人，其實，這些也都是無效的，好像你早上出門左轉必定會撞牆，那麼這時就要選擇改往右轉，停止這種無效的溝通，你的間接和迂迴反而會產

面對面溝通，對方才能知道你真實的感受。

生更多不必要的紛爭。你要去面對面溝通，對方才能知道你真實的感受，溝通才會起作用。

五、沉默不語的溝通

有一種苦毒是來自情緒失調的原生家庭，那是最可怕的狀況。那個從頭到尾都不表達的人，苦毒都會一直在彼此裡面累積，那是對對方和自己都不會有幫助的。如果你一直不表達，你知道你另一半的感受是什麼嗎？在監獄裡最重的刑罰是被關在一人一間的牢房裡，而他／她的感受就會像被關在這種牢房裡的犯人一樣。在婚姻裡面，如果你都不跟對方溝通，你整個婚姻生活也會好比被關在這種牢房裡，對方要面對的是一個沉默不語、冷戰不說話的另一半，你可能以為那是彼此冷靜，但如果一冷靜就要冷靜兩個月，我想跟你說，這不是冷靜，這叫做「冷暴力」，反而會造成不可逆的重傷害。其實不用兩個月，一個月你就會知道那樣的關係能傷人多深了。沉默不語，真的是一個很嚴重的負面影響。

六、用爭吵和怒氣解決的溝通

這樣的溝通到最後都會模糊焦點。本來在吵一件事情，但因為你用怒氣或惡毒的言語去解決，所有的焦點就都模糊了，後來都在討論：「你為什麼要那麼兇？」完全沒有在討論問題的根源。那種憤怒，無法帶你們走向互相理解和

明白的溝通，只會把雙方都推向更糟糕的深淵裡。氣話講完了，就隨之陷入懊悔裡，不斷被情緒帶著走，這是最不良的溝通方式。

七、動手動腳的溝通

這裡指的就是暴力相向，一生氣就把家裡能摔的都摔了。若是這樣，我建議家裡所有的東西都貼個標價，當你拿起來看到是兩萬元的東西，應該就會先放下來吧？事實上，只要一動手動腳，整件事情就會沒完沒了，全部的憤怒情緒，再加上暴力相向，對溝通根本毫無幫助！

讀到這裡，我想帶著你為你自己宣告：

我拒絕再用彼此打壓式的溝通，

也不再讓我與人只有單向式的溝通，

我也不要太過理智反而失去情感的溝通，

更不會去透過別人傳遞我該面對的訊息，

也不再用沉默來回應他人，

不用爭吵和怒氣來解決衝動，

更不會用肢體暴力來對待他人。

從今以後，我立志要在我與人的溝通上，

盡我最大的努力。

在這一章，我們要學會的是「快快地聽」，也就是積極地聆聽，你要願意捨己，先放下自以為是的想法，然後花時間專注在對方身上，積極地去了解背後真正的意思是什麼，彼得前書裡說：

因為經上說：「人若愛生命，願享美福，須要禁止舌頭不出惡言，嘴唇不說詭詐的話。」

（彼得前書三章10節）

這一段經文簡單改幾個字，你一秒就能全懂這章要帶給你什麼信息：

你若想要有好日子過，
你只需要禁止舌頭不說惡言。

竭力追求認識神，就是耶穌所謂揹起十字架的過程，耶穌說：「若有人要跟從我，就當捨己，揹起他的十字架來跟從我。」（馬太福音十六章24節）沒有一個基督徒會否認要跟隨主，但主說，若要跟隨祂，就要揹起自己的十字架，那「揹起自己的十字架」是什麼意思呢？就是必須經歷一個「捨己」的過程，捨己的英文是「deny yourself」，中文翻出來或許比較刺耳一點，就是「否認自己」，什麼樣的宗教會叫人否認自己呢？現在的人都說要

膨脹自己、高抬自己，應該想做什麼就做什麼才對，但耶穌在兩千年前直到如今都這樣告訴我們：如果要跟從我，你就再也不是跟著這個世界教你的模式走，你要天天自省：我在溝通上有沒有犯以上七個無效溝通的失誤？有沒有需要我先放下的地方？有沒有我要先檢討的地方？我要先解決我的問題，那樣的過程才能造就捨己和背十字架的生命，也會帶來更愉快、健康且有效的溝通過程。

::::::::迎接秋雨春雨的祝福

有時談到溝通這件事，有人可能覺得好像自己都會了，就好像有些人面對信仰的態度一樣，剛信主的人對神很渴慕、很火熱，但過了五年、十年就變得很跩，主日聚會尾聲要一起禱告的時候，拿著包包就要出去。這種人的心態是反正我都聽過了，連作回應都不想要了，牧師要講什麼都懂了。你知道嗎？當有一天，你發現都是別人要改變，而沒發現自己要檢討的地方時，就表示你已經沒有在跟隨主了。跟隨主的心態是捨己，是 deny yourself，決定自己先降服，不是自己什麼都對，自己先來面對自己，先把自己放在十字架前，讓自己不斷處在竭力追求的態度裡，並渴望神的祝福可以臨到自己的生命。

有效的溝通真的非常重要，你的家就會經歷秋雨和春雨的祝福，而不是暴風雨的摧殘，並且你還能經歷到彷彿

有一道曙光照進你家，隨之感受到屋裡彷彿花香漫漫。

　　如果你學會溝通的藝術，你回到家就必能領受這份幸福。我也要在這裡祝福與鼓勵每位讀者，先從自己做起，下定決心開始學習溝通的藝術。請你記得，**國家社會的轉化從家庭開始，家庭的轉化從你我開始**。衷心盼望，那撥雲見日的溫暖曙光，照進每一個家庭裡！

親愛的神啊，

我是一個嘴唇不潔的人，又住在嘴唇不潔的民中，

常常因為情緒、老我、說錯話、會錯意，

讓我周圍的人，特別是家人，

深受其害。

求祢差派使者將祢祭壇上的火炭沾我的口，

好叫我今天真的痛定思痛，

不再走回頭路，

使用我的口，成為一個祝福的導管，

注入和平與和睦在我的生活中。

奉耶穌基督得勝的名禱告，阿們！

Chapter 6

「讓你明白我的心」
公式

「我受夠你了！你每次東西都亂放，你根本就是把我當作你的傭人，一直在幫你收拾這些東西，我真的受夠你了！」說出這種話的人，其實沒說出他真正的需要，也許他應該換另一個方式說⋯⋯

┈┈┈┈┈┈ 爲什麼我就是說不出口？

人為何無法好好溝通？其實我們溝通的模式，都是透過學習過去的經驗累積而來的，就因為是學習，所以學習環境的好壞與學習經驗的感受，都會影響我們是否決定繼續溝通的意願，以下就來看看，無法好好溝通的原因有哪些狀況：

一、完全不會表達

不會表達，又不想學，總是覺得：我說了，你想不想聽、懂不懂，是你家的事。反正說了，就覺得任務完成，也不管對方是否明白，這都屬於無效的溝通。

這比較像我們與上一代的溝通經驗，因著上一代的溝通模式也是從過去原生家庭學習而來，加上華人文化本來就比較含蓄和內斂，所以我們的上一代從他們的父母學到的溝通技巧大多都是「有事我們才講，沒事通常都不會說」，再加上一些濃厚的尊卑觀念文化：長幼有序、重男輕女等等，於是產生了很多話沒說出口、愛在心裡口難開、有話藏心裡的問題。正如我們在開場提到的，若是我們以PAC理論PC的模式，也就是一直處在上對下的溝通方式互動，就永遠無法讓對方聽進去，更不用期待對方能明白你要表達的意思了。

在我處理教會一些家庭問題時發現，有些家庭中的丈

夫（父親）是很少說話的，人通常有什麼心事，第一個會找的人是母親，但不講話的父親也不是永遠不講話，我發現他們只要一講，雙方就很難有繼續談下去的空間，意思就是你只能聽他的！這就是為什麼兒女遇到事情都只找母親討論，但其實最辛苦的還是作妻子的角色，因為當你遇到完全不會表達的丈夫，就很像住在一個終生監禁的牢房裡，因為你的枕邊人是沒有受全球暖化波及的南極冰山，作太太的活在這種婚姻中，根本就是快要窒息的感覺。

二、害怕表露想法

　　有時不想溝通，是因為害怕表達自己的想法，這害怕的背後是擔心被對方拒絕，覺得說出自己真實的想法，對方會對自己有負面的看法或錯誤的解讀而不想跟自己作朋友，於是索性不講了。

　　在你的人生中，有多少事因為害怕而裹足不前？仇敵常用「害怕被別人拒絕」讓我們失去好機會，你是否常常怕別人對自己有不一樣的想法、怕別人對自己產生誤解、怕被別人笑、怕對方回嘴後不知如何反應？總是還沒有任何行動，腦海裡已腦補滿滿的被拒絕的畫面，連如何被打槍的情節都沙盤推演好幾次。我常跟我的會友說，如果你的大腦那麼會編劇，何不考慮轉行去寫電視劇劇本，說不定比較賺喔！

　　職場上常遇到一種狀況，就是老闆交辦事情時，都只交辦給固定那兩三個人，起先這些人都願意幫忙，但工作

量總是落在這少數人身上，久而久之，雖稱不上出現工作倦怠，但總會開始感到這樣的工作分配不大合理。而這些人卻又害怕提出疑慮，會讓老闆評價自己抗壓性低、草莓族，於是選擇隱忍，將情緒都壓抑下來。後來，調適得過來的就繼續勉強苦撐，調適不來的便負傷離職，但因為誰也沒將真正的問題提出來，到最後也沒人知道這一切的真相，也無從探究這些人到底經歷了什麼。

三、覺得講了也沒用

我們常有一個錯誤的信念——何必這麼麻煩？反正他也不會改。因此，我們就拒絕溝通，不再講了。但你知道嗎？這是仇敵給我們很大的謊話，因為你若什麼都不講，絕對不會有用。仇敵的目的就是讓我們覺得講了也沒用，而選擇不願意連結。

我最近才在網路上看到有個人在抒發他的心情，他說他好久沒跟父母講話了，接著就寫了一番長篇大論，文章大意是他也很想跟父母溝通，但真的覺得講了也沒用，所以乾脆不要講好了。看完他的論點，也會認為他說得蠻有道理的，能體諒他是因為受傷了所以才選擇不講，但我仍要再強調一個觀念——不講就不會走向連結，沒有合一就會失去能力，小心，別落入仇敵的謊言裡了。

> 仇敵的目的就是讓我們覺得講了也沒用，而選擇不願意連結。

四、自己根本沒有想法

　　還有一種狀況是，自己根本沒有想法，只會生悶氣，不知道自己到底要什麼，也不知道自己到底在氣什麼，反正就覺得有情緒，但是又不想講出來，因為這種感覺很矛盾，於是選擇直接放棄。後來我發現，在不想講的背後，其實是對自己缺乏信心，不知道自己要的是什麼，也不相信別人會接受自己講出來的東西，於是就不願意去正視問題，不想也不會溝通，讓自己的腦中一片空白，覺得不用講也沒關係，反正你沒想法，別人也拿你沒辦法。這樣一來，便讓溝通停滯了。

　　這樣的狀況常發生在學校班級裡，學生時期，好像總會對某一位老師特別有意見，無論他做什麼、說什麼都令我們反感，且原本只是班上少數人這麼覺得，漸漸地幾乎全班都對這個老師有敵意，大家都一起不喜歡這個老師。但靜下心來，捫心自問這個老師到底有什麼問題時，卻又找不出個理由。這種狀況是因為你的心被許多外在情緒蒙蔽，看不見問題全貌，只是一味不爽、討厭、生氣，卻又不想積極找出一個解決之道。

　　以上這四點，就是我們在溝通中常見的「句點王」，因為我們長期的不自知或不主動面對，造成許多家庭或夫妻關係瀕臨瓦解邊緣。好好溝通不是天上掉下來的禮物，也不是船到橋頭自然直的必然，如果你不願意主動學習溝通，你們的關係就會像小嬰孩的皮膚吹彈可破，不堪一

擊。溝通需要一顆願意不斷謙卑學習的心，才能一步步打開對方的心鎖，走進對方的世界。

「讓你明白我的心」公式

　　我想要透過下方關於溝通的四個重要步驟，來跟大家一起學習和討論，到底怎麼跟配偶、孩子、朋友、同學、同事，甚至長官和下屬，也就是與那些我們身邊的人，進行有效的溝通。我把這四個步驟稱作「讓你明白我的心」的公式，之所以叫做公式，就表示這個方程式中，每一項都非常重要，缺一不可，很像是數學x+y+z+123的方程式，最後得出的答案就是：讓對方明白我的心。

第一步：不給予評論，只試圖說出觀察

　　當一個狀況來，先不要只想著把自己的解釋、評論和想法全盤托出，一股腦兒地將所有想表達的都表達出來。其實衝動下的表達，常分不清哪些是事實，哪些是你貼的標籤，又有哪些是你的感受、想法或結論。所以，在溝通的第一個環節，我們應該要先做釐清的步驟，只需要講出你看到的事實，也就是發生了什麼事情？把觀察到的描述出來就好。人往往只需要先講出觀察到的東西，思緒也會隨之慢慢變得清晰。

　　約翰福音中有一個例子，這段經文當中，有幾個人物

需特別留意：

> 腓力找著拿但業，對他說：「摩西在律法上所
> 寫的和眾先知所記的那一位，我們遇見了，
> 就是約瑟的兒子拿撒勒人耶穌。」拿但業對他
> 說：「拿撒勒還能出什麼好的嗎？」腓力說：
> 「你來看！」耶穌看見拿但業來，就指著他說：
> 「看哪，這是個真以色列人，他心裡是沒有詭
> 詐的。」拿但業對耶穌說：「祢從哪裡知道我
> 呢？」耶穌回答說：「腓力還沒有招呼你，你在
> 無花果樹底下，我就看見你了。」拿但業說：
> 「拉比，祢是上帝的兒子，祢是以色列的王！」
>
> （約翰福音一章45～49節）

這段經文裡面有三個重要的人物：拿但業、腓力、耶
穌，拿但業聽見腓力跟他說，他遇見了在律法和摩西的書
上寫的那一位先知，就是眾人心中所盼的彌賽亞，如今終
於真實遇見祂了！但當腓力正興奮地說著遇見耶穌這個事
實的時候，拿但業卻說：「拿撒勒這種小地方還能出什麼
好東西啊？」你有注意到嗎？拿但業連耶穌都還沒見上一
面，就下了這個評論，這就是人類典型的通病。你還沒看
見事實就下評論，這評論跟事實本身，怎會是相符的呢？
而腓力（他不只是一塊很好的牛排，哈哈）這時就呼籲拿

但業先別這麼說，並跟拿但業說：「你來看。」

你要親自去看，不要只憑印象和經驗去判斷，就隨便編造一套自以為是的理論，你知道嗎？也許「真實的情況不像你想的那樣」。

接著來看耶穌怎麼反應，因拿但業的話，祂當然知道拿但業對祂沒有好感，假如我是耶穌，只要拿但業一走過來，我一定會這樣跟他說：「拿但業，你算什麼東西？憑什麼這樣講我？別以為你在背後講了什麼我都不知道！」然而，耶穌卻這樣對拿但業說：「在無花果樹底下，我就看見你了。」耶穌只講祂看見的事實。

在Chapter1我們也有提到，印度一位很有名望的哲學家克里希那穆提曾說：「不帶評論的觀察，才是人類在智力上最高的展現。」也就是說，如果你總是隨便把接收到的那些繪聲繪影的訊息，組成你自下定義的評論，又常即刻給別人貼上這些標籤，那麼你展現出來的品格就是──你是一個愚笨或智力低落的人。

身為牧師，發現很多弟兄姊妹來跟我講另一個人的不是的時候，通常都是在講自己的評論，比方說某某小組長或某某人，甚至當著我的面說某某牧師不通情面、不會做人，沒資格在這個職分上等等，但「不通情面」、「不會做人」、「沒資格」並不是發生的事實，只是個人的評論和推測而已。主觀評論和推測往往不見得是事實。有一次有個人跟我抱怨另一個教會同工：

「我每次跟他講話，他都沒有表情，他是不是一個
不會做人又不通情面的人啊？」

我們來分析一下這句話，雖說你跟他講話，他沒有表
情是一個事實，但不等於他不通情面或不會做人吧？他沒
有表情的原因有很多，也可能是因為他前一天沒睡飽，或
剛好正在想別的事情，有沒有可能他爸正在住院，而他也
正為此憂心？有沒有可能他在公司發生很大的狀況，讓他
心情沮喪？為什麼僅從「他沒有表情」這個狀態就擅自批
評他「不會做人」、「不通情面」？當時，我這樣反問了
那個人：

「請問，你有沒有告訴過當事人，他對你沒有表
情，你的感受如何？」

在我的經驗裡，十人中有九個，從來沒有讓對方知
道，他所看到和觀察到的事實。

溝通的第一步驟，就是學會說出發生了什麼事，或
是只陳述具體的行為就好，這其實也是為了幫助人們抑制
自己評論他人的習性。因為人的習性，就是喜歡貼別人標
籤，我們應該要把注意力集中在發生的具體事情、行為
上，而不是你個人的分析、猜測上。所以，你所需要做
的，真的就只是把觀察到的事實講出來，不要帶著你的評

判或論斷。要是一開始出手太重，後來也容易把溝通的大門關上了！

告訴對方你看到了什麼，也讓對方看看你看到了什麼，溝通的第一步，這樣做就好了。

第二步：說出自己的感受如何

日常生活中，我們常經歷到不同的情緒，但往往我們有個難題，就是很難指認出自己當下的感覺，也就是難以分辨或認清自己現在到底是沮喪、焦慮、緊張、恐慌、害怕、難過，還是開心，於是也很難將這些正經歷到的情緒具體陳述出來。我們連自己當下的情緒是什麼都不知道，也說不出來，但我們卻希望對方能透過我們的所作所為，猜到我們在想什麼。試想，一位丈夫連自己現在的情緒是喜樂還是恐慌都指認不出來，居然還要自己的太太猜到自己在想什麼，若猜不到還要責備：「妳為什麼會不知道？我們結婚這麼多年，妳應該要知道啊！」「我生氣這麼多天了，妳怎麼不來安慰我呢？」你看看，這是不是太不合理了？

舉一個真實的例子，有個人向我抱怨他的同事在辦公室音樂放得太大聲，以下我把我們的對話節錄出來，讓大家參考，如何鼓勵他人說出自己真實的感覺：

「他音樂放太大聲，帶給你什麼感覺？」

這是他的第一個回答：

「我覺得在辦公室不應該放這麼大聲。」

請問一下，這是他的感覺嗎？這當然不是感覺，他說的是他「覺得」不應該做什麼。於是，我跟他說：

「不，我現在在問的是，當他把音樂放得很大聲，你的『感覺』是什麼？」

這是他的第二個回答：

「我的感覺是，音樂太大聲會打擾到別人。」

再請問一下，這是「感覺」嗎？當然也不是，他只是在形容音樂的音量大小，以及他覺得會打擾到別人。於是，我又問了一次：

「我在問的是，你的『感覺』是什麼？」

最後，他說：

「我沒有感覺。」

你認為他真的沒有感覺嗎？如果真的沒感覺，就不會來找我抱怨了。其實他的內心有非常強烈的感覺，他感覺極度地不滿，卻從未認清這個事實，或承認他其實很生氣。當他不爽或厭惡對方這樣做時，卻始終說不出來，只是覺得辦公室裡不可以這樣子，往往我們講出來的都是：「你不應該這樣子」「你不可以這樣子」「你應該要怎麼樣」「你作牧師的就應該這樣」等等，但你卻從來沒讓對方明白你的感覺，別人也就無法知道他做的事情帶給你什麼樣的困擾，於是對方也無從改變。

　　一些從事比較「理性派」職業的人，比如我遇過的一些律師、軍人、警察等等，他們的家人都說這些職業的人相較於一般人，更少把心中的感受表達出來，讓周圍的人知道。他們身邊的人常常抓不到他們的情緒，不知道他們現在有沒有在生氣或到底怎麼了。他們比較會習慣性地一直對你說道理，就算你只是跟他分享生活，他卻回過頭來教你一番人生道理，一下說聖經說不能這樣，應該要那樣，不然就會怎樣……。而當他們講論、分析完後，聽完他們道理的人仍然不知道他們在想什麼，只感覺好像在跟教官講話一樣。只會講道理，並不會讓對方感受到在跟配偶或父母談話，反而把人與人之間的互動交談，變得像在跟機器對話一樣死板僵硬。

　　有時問他們心中的感受，或問他們為什麼不說自己的感受，他們會說：

「我分享感覺，會讓人覺得我很軟弱。」

有些人不願意講自己的感覺，是怕自己講了，別人會覺得他很軟弱；或有的人還會覺得當自己示弱時，對方會更氣焰高漲地對付自己，所以他們選擇不洩漏自己軟弱的樣子。但親愛的朋友，<u>耶穌也會表達自己的感受喔！難道耶穌在你的心中是軟弱的嗎</u>？那時，耶穌這樣說：

> 於是帶著彼得和西庇太的兩個兒子同去，就憂愁起來，極其難過，便對他們說：「我心裡甚是憂傷，幾乎要死；你們在這裡等候，和我一同警醒。」　　（馬太福音二十六章37～38節）

耶穌很真實地表達自己內心的感受，祂說自己心中極其軟弱、甚是憂傷，幾乎要死。但即便如此，耶穌在我們心中從來不是個懦夫，祂在我們心中是最剛強的勇士。表達感覺不是懦弱的表現，反而是讓對方明白你在講什麼。不知你最近一次直接用言語表達內心真實感受的時刻，是在什麼時候呢？

再舉個例子，我們有時會用帶著某種情緒的眼神向對方表達自己的感覺，對方卻只是一直在猜：「剛剛他瞇瞇眼，到底在想什麼？看起來好像很生氣，難道是我說了什麼話得罪人家了嗎？」但你若能直接講出自己真正的感

覺，對方不就更能快速接收到你的想法？還能免去猜錯的風險呢！

如果今天你很生氣，你通常會怎樣表達：

第一種表達方法：「吼、唉、吼、唉……」（來回踱步嘆氣）

第二種表達方法：「我現在很生氣。」

很明顯地，使用第二種方法，就能直接讓對方明白你的感受，身旁的人也會更快了解你這個人，跟你相處也比較有安全感。再次強調，最難相處的人就是常常要別人去猜「你在想什麼」的人。

第三步：直接說出自己真正的需求

溝通中會出現衝突，往往是因為雙方至少有一方的需求沒有得到滿足。

我們講了很多，卻說不出自己要什麼，最後你自行下一個「沒人了解我」的結論，別人還是不知道你要的是什麼。你還記得上一章我們提到的六種不同訊息嗎？一開始想著「很孤單，想要人陪」的母親，因講出來的話跟內心的需要不符，而導致一連串的誤會，不管是自己還是對方都因此受傷了。我

> 最難相處的人就是常常要別人去猜「你在想什麼」的人。

們是否也常講了很多，諸如：「你到底要不要回來啊？」「每天忙那麼晚到底在幹嘛？」「工作和家庭到底哪一個重要？」卻沒說出自己真正的需要，我們花時間吵這些東西，卻沒說出：「其實，我需要你陪伴我。」

在家中，你是否聽過某個人常這樣說：

「我受夠你了！你每次東西都亂放，你根本就是把我當作你的傭人，一直在幫你收拾這些東西，我真的受夠你了！」

說出這種話的人，其實沒說出他真正的需要，也許他應該換另一個方式說：

「我看到客廳桌子底下有兩隻襪子，電視機旁邊有兩件衣服，我心裡很不高興，因為我很看重家裡的整潔，你可不可以把它們拿去放進洗衣籃呢？」

你看到什麼就講什麼，你的感受是什麼你就說什麼，你希望他怎麼做，直接講就好了，不要說「我是你的傭人嗎？」這種話，你說出這種話是要對方作何反應呢？有時，我們講的都是攻擊性言論，只會造成別人心裡的不舒服，這種情緒化的言論往往只會堆疊出更多的情緒，卻從不花時間討論什麼是事實。作父母的、作丈夫、妻子的，此時此刻你

們是否有察覺到，過去十幾二十年裡，從沒真正說過自己要什麼，講出的只是一種憤怒的表達，只是讓對方看你的臭臉，只是讓對方知道自己到達臨界點，這其實不是溝通，真正的溝通是要清楚地表達你到底需要什麼。

作父母的，你是否曾這樣對你的孩子說：

「你玩手機玩上癮了，我真的非常討厭你玩手機。」

我們只會告訴孩子「我討厭你玩手機」，但你心裡的需要，孩子從來沒有聽到，你是否知道孩子想聽到的其實是這個：

「孩子，我想跟你聊聊天。」

你是否知道，你的配偶想聽的其實是這個：

「我希望，一週裡有一個晚上你可以陪我吃個飯。」

與其一直罵對方「總是在工作」「荒廢家庭」「不重視家庭」，不如換個方式，讓對方知道你真正需要什麼，那才是真正有效的溝通，不要只會說：「你不知道我在想什麼！」此時你有沒有驚覺，難怪別人跟你溝通都有很大

的無力感，因為即便聽你講完了，對方也不知道能夠為你做什麼。我相信，大部分的人是想要改善關係的，只是不知道該怎麼做，所以再強調一次，**要常常讓對方知道你的需求，而不是讓對方一直承受更多情緒化的字眼。**

第四步：提出明確的請求

提出請求，聽起來很容易，但這是最需要花心思去琢磨的，因為這一步最難的不是講不出口，而是講不清楚，有時我們講出來的要求很籠統含糊。你的孩子、另一半最需要聽到的是你告訴他／她：「到底該怎麼做？」能否一週裡的某一個晚上不要排事情，那個晚上就是我們的Family Time？我想，只要你清楚且具體地告訴對方該怎麼做，對方就會知道該往哪個方向去努力改變了，所以「明確」很重要！即便剛好對方的時間沒辦法配合或目前做不到，但都是可以攤開來討論的，相信我，你具體地講出來，對溝通一定大有益處！

你的孩子、另一半最需要聽到的是你告訴他／她：「到底該怎麼做？」

根據上述四個步驟，我現在要來揭曉這個「讓你明白我的心」公式：

第一步：　　　　　　　　　　　第二步：

說出你的觀察　　　　　　　　**說出我的感受如何**

關於 X 這件事情　＋　我的感受是 Y

＋我的需求是 Z　＋　你能否願意做到 123

＝讓你明白我的心

第三步：　　　　　　　　　　　第四步：

直接說出自己真正的需求　　　　**提出明確的請求**

圖 6-1

這一套公式，希望能夠成為你跟家人練習溝通的開始。這個結構很簡單，卻能很容易讓對方明白你正在想什麼和希望對方怎麼做。假如你願意開始跨出第一步，慢慢練習「只」說出當下發生的事實，明確指認自己心裡面的情緒或感受，並且清楚說出你想要的，以及列舉出對方怎麼做會更好的具體步驟，我相信，你們正朝著恢復喜樂溝通的道路上邁進。

當金蘋果放在銀網子裡

你們大概不知道，我才是這個公式的最大受益者，很驚訝嗎？不要意外，一個教人溝通的人，其實也走過情緒高漲、不理性溝通的過往。過去的我也沒有人教我能夠心平氣和地講話，相反地，我們總是在發生事情時，就把一堆「新仇舊恨」通通發洩出來，反倒是我在一遍遍教這個溝通學的過程中，神一步步教導我怎麼跟家人溝通。

就在一次講道結束後，太太在回家路上跟我說了很多最近孩子發生的事，一回到家（常常戰爭都發生在爸爸忙了一天剛回到家，加上血糖低的時候）又看到孩子不聽話，整個火氣就上來，正準備要用「慣性」把他們叫來狂罵一頓：「爸爸不在就欺侮媽媽」「態度這麼不好」「再給我這樣，我下次就打一頓」，在這些話還沒噴出口之前，聖靈突然出聲問我：「今天你去的那間教會，分享的主日信息是什麼？」我說：「溝通啊！」接下來彷彿一根棒球棒打在我頭上，我突然意識到，我自己教人溝通，但是當我很累、血糖很低的時候，也還是走回老路，選擇用過去慣用的情緒化方式來發洩在外面累積的毒素，將之全都倒在自己家人的身上。

那一秒我瞬間驚醒，看到在我眼前的孩子，我差點哭出來，原來，我情緒失控的時候，對他們而言，是那麼地無助和恐懼。我立馬向神悔改，並將我的心安靜下來，嘗

試一步步用我的這四個步驟和孩子溝通，當然，最後的結局是美好的。

在本章中，我們學到了帶有善意且有效溝通的模式，當中有四個不可或缺的要素：

1.**觀察**（我最近觀察到……）

2.**感受**（我覺得……）

3.**需要**（我很需要……）

4.**請求**（不知道你是否願意……）

把這四個要素加起來，才會讓對方確實地明白你的心。今天你回到家，不要再覺得你的父母一定要知道你在想什麼，請停止這種錯誤的期待。因為不管是三歲的你還是六歲的你，今年的你還是去年的你，都已有所不同，想法都有些變化了。所以你需要很明確地把你的觀察說出來，讓彼此的思緒清晰起來，把感受說出來讓對方知道，把需要表達出來讓對方聽到，並具體告知對方該怎麼做，讓對方能夠真正明白你的心，在箴言裡說到：

一句話說得合宜，
就如金蘋果在銀網子裡。（箴言二十五章11節）

當你按照這個公式來表達自我，你就會發現你家裡的

溝通模式就好像金蘋果放在銀網子裡那樣美麗，增添了你家的藝術感，讓你的家庭氛圍變得很有氣質，無比美好！只因為一句話說得好，就能夠改變整個氛圍，將一片凌亂轉化為美麗的藝術品。

我要祝福每一位讀者，在消化了這一章所講的重點後，如果你是作孩子的，就不要再泡沫般地期待別人能夠明白你，而是去學習好好溝通；如果你是作父母的，因著你會清楚地表達，將一句話說得好，就不再會惹兒女的氣，還能讓你的兒女喜歡和你溝通。我也要祝福每位在學校裡或進入職場的人們都成為「說話達人」，與周遭的人都建立美好的關係。

我親愛的天父，

我曾經是一個失敗的溝通者，

常常把家裡氣氛搞得更不好，

總被情緒沖昏了頭，

卻忘記祢仍然有路給我們走。

神啊，求祢幫助我，

在我被情緒的浪潮席捲時，

用祢的聖手拉住我的手，

用祢的恩典勒住我的口，

好叫我能有智慧地說出該說的話，

不讓自己後悔一生。

奉耶穌基督得勝的名禱告，阿們！

PART 3 還要繼續這
樣下去嗎？

7

我想要，
完全敞開！

「我說話就是很直，不要在意啦！」
我告訴你，若你繼續以「說話很直」來包裝傷害他
人的行為和戳傷人的話語，那你之後也別想與人有
真心敞開的交流了！

⋮⋮⋮⋮⋮ 五種不同層次的溝通

著名的婚姻學者包約翰（John Powell）寫過一本書叫做《為什麼我不敢告訴你我是誰？》（道聲出版）裡頭特別提到，為什麼人無法跟你做更深入的交談？為什麼人際關係或親密關係中，無法有心與心的對話？這大都與我們溝通的時候內心敞開的程度有關，書中講到在親密關係的溝通裡面，有五種不同層次的溝通，接下來我們就來看看是哪五種：

第一層：無關痛癢的對話

這一層就是聊天、聊地、聊氣象，東聊西聊，什麼都聊，最近追什麼劇？吃到什麼好吃的拉麵？反正都無關痛癢，這是最膚淺的談話。這類對話，就算聊再久，也不會讓關係深入到哪裡去。

第二層：談論其他人的事

這也是很膚淺、很基本的層次，聊別人發生什麼事、聊別人的八卦、上禮拜的新聞等等，這些在溝通裡面都是算很低層次的。這個層次與上一層有個共同點，或許因為不想讓人多踏一步進到我們的世界，也或許是我們不敢踏進對方的世界，所以彼此都在非常表面的話題上打轉。

第三層：表達自己的想法和判斷

到了這個階段看似比較核心，但也不是真實的溝通，因為當我們在表達自己的價值判斷時，同時也在觀察對方跟我們的想法一不一樣，當對方的想法跟我們不一樣時，我們往往會選擇退縮，回到第二層或第一層，繼續膚淺地聊我們的天，但就不會再更進一步做深入的表達。所以，這也是一個「試水溫」的階段，主要是在看看對方是否與我們想法一致。

第四層：表達我的情緒和感受

包約翰表示溝通必須進到第四、第五個層次才算是進入核心。第四個層次就講到了「感覺」，也就是如何把自己的感覺表達出來。

在前面的章節不斷提到，當你真的表達出你的感覺，別人就能知道你在想什麼，有沒有講出來差很多，當你提出來了，別人才會與你一同了解你的想法和處境，也比較能接收到你在講什麼。所以我鼓勵大家，要學會指認出自己當下的感覺，並要勇敢地表達自己的想法，這才是在溝通中比較進入到核心的表達。但在此我想更多著墨一點，就是：<u>分享感覺，首先要確定不能情緒化</u>。

當你在表達想法和感覺時，必須確定自己不要情緒化。情緒化是什麼意思呢？就是一個人的心理狀態容易因為一些大大小小的因素發生波動，喜怒哀樂經常會在不經

意間轉換，前一秒可能還是高興的，但後一秒就可能是悶悶不樂或焦躁不安的。最常發生的例子，就是父母親在管教孩子時，過度地不理性和發洩情緒。

回到溝通主題的基礎，首先要具備的就是健康的情緒和個性，如果你情緒化地表達你的情感，那你所表達出來的情感是對溝通沒有幫助的，因為下一秒你又變了，所以當你要表達情感之前，你的情緒要穩定，也要清楚知道自己的想法是什麼，不要隨著情緒波動而變動，這樣才是健康的表達想法與感受的狀態。

第五層：完全敞開真心的溝通

這個層次其實是我們最想要，但也是最難達到的層次，因為當我們要真心交流的時候，就要冒著會被拒絕、被冒犯的風險，在那個當下，人都會很需要安全感，也會期待對方能夠像你一樣敞開且不被冒犯。當我們可以很真心且沒有懼怕地談論心中的想法，包約翰說：「這是人與人相互交通最高的境界。」當你敞開自己，再也不擔心對方會批評你、評斷你，你會開始有勇氣讓對方踏進你心中的世界，若對方也有一定的成熟度能與你討論彼此最真實的感覺、交流心中最真實的想法，雙方就能達到溝通的最高境界。

為能讓各位讀者更清楚知道你與對方的關係位於哪一個層次，以下我提供一個小測驗，鼓勵你去找你的牧者、

好友或自行分辨、延伸、探討下列五種分享，分別屬於五種層次中哪一層次的溝通：

「我們很熟嗎？」小測驗

1. 不知道你對連續的地震有什麼看法？最近真的太頻繁了，而且我看新聞，印尼那裡的休眠火山都變成活火山了，板塊運動很頻繁，我認為最近應該要多有一些防災的意識，還要準備一些地震包，以防意外。

---

2. 你知道嗎？我真的覺得你很勇敢耶！那天在小組中聽你分享到你的家庭，我其實也想跟你講，我的家就像你講的一樣，我常常很害怕，不知道怎麼面對我的家人，我也想要像你一樣，面對自己心中的恐懼，跟我的家人有更好的溝通。

---

3. 你最近有追什麼劇嗎？上禮拜才上映的那部電影你看了嗎？我去看過了，覺得很讚耶！

---

4. 上禮拜聽完牧師信息，我超級感動的，回應詩歌時，我流下眼淚，我在心中向神禱告，求神拯救我的家庭，其實我知道我的家人很需要神。

5.你知道三班的那個小美正在跟五班的阿男交往
  嗎？我從ig上看到他們穿同一款鞋子，而且同一
  天都在西門町打卡耶！

:::::::: 達到完全敞開溝通的五個原則

　　更深入一點來談，為要幫助大家達到第五層的境界，
我整理出五個重要的原則，方便你們能自行學習向對方敞
開內心，而這也是本章要著墨的重點：

1. 言談中不能含有論斷

　　第一個原則，就是在溝通當中，要先確定自己不要
有任何對對方的論斷，一旦有先入為主的想法，就很難完
全敞開地真心交流。有些人講話很容易傷到別人，而且在
他傷到人的時候還會說：「我說話就是很直，不要在意
啦！」我告訴你，若你繼續以「說話很直」來包裝傷害他
人的行為和戳傷人的話語，那你之後也別想與人有真心敞
開的交流了！你不能因為「說話很直」，就不去學習沒有
論斷、沒有攻擊性地與人真心談話，你有沒有想過，那些
被你刺傷的心情，誰要來為此負責呢？「很直」不是傷人
的託詞，學習與人交心前，要記得不要論斷！不然你就只

會看到別人眼中的針，卻忘了自己眼中有更大的樑木（參考馬太福音七章3～5節）。我鼓勵你在開始一段談話前，先這樣說：

接下來的談話，我們以不怪罪對方為前提，再來進行討論，好不好？

我相信當你說了這句話之後，你們的溝通會更加地容易，而且能比較理性地討論事情，容我再強調一次，溝通的最開始，千萬不要有先入為主的評判。

2. 要先知道情緒沒有對錯

情緒本身是沒有對或錯的，生氣、高興、憤怒⋯⋯這些本質上無關乎對錯，只是個人的感受。當有人跟你真心敞開分享他的難過或他生氣了，請不要馬上指責他為什麼要生氣？為什麼要難過？甚至阻止他表達（當然我講的不是情緒化的表達），如果你選擇指責，對方往往會先選擇把情緒藏起來，用一種偽裝的方式面對人，雙方就會很難進行真心交流，更難以透過對方情緒背後釋出的隱藏線索去了解是不是有你更需要注意的議題，這些往往是最容易忽略掉的。

有的小孩在父母要離開家時會大哭（心理學稱為分離焦慮），因為不想要父母離開，當下也可能會有生氣、憤

怒的情緒出現，若是這時父母只會叫他「不要哭」「哭什麼」「不准哭」，並不會解決任何問題，更不會發現孩子哭的背後，藏著很深的「分離焦慮」。我們只是用喝斥，阻止了他情緒的表達。這些缺乏耐心的做法，常常讓人只學會把情緒「吞下去」，累積久了，都成為心理層面的毒素。所以，我們必須知道「情緒本身是沒有對錯的」，去學習傾聽對方為什麼生氣或難過，還有了解在他表達情緒的背後，他真正想要說的是什麼。這個原則，我們必須先明白。再次強調，情緒本身是沒有對錯的。

3. 情緒與感受需要用智慧來解讀

　　舉個例子，有天你去學校的路上踩到狗屎（有點臭的例子，但也只有我會用這種例子來讓你明白一些道理），我們的大腦有一個區塊叫做「認知」，也稱為「思考」，這是上帝創造出來給我們去解讀事件的區域，這個區域很需要神的智慧進來。當你越認識神、越把耶和華擺在你面前，大腦裡認知的領域就越被智慧充滿。你解讀事件時，也自然會以智慧去看待。所以你去學校的路上發生了這個踩狗屎事件，你自然也不會跳過智慧，直接用憤怒的情緒

當你越認識神、越把耶和華擺在你面前，
大腦裡認知的領域就越被智慧充滿。你解
讀事件時，也自然會以智慧去看待。

表達，只因踩到狗屎就覺得「氣死我了，我不去上學了」
而轉頭就回家。被情緒牽著走，最容易壞事。你回想人生
過去發生的事，大部分會令你後悔的，都是發生事情後，
大腦直接跳過以智慧處理的過程，馬上以情緒處理事情。
看看下圖示意的反應順序，你就會了解：

$$事件→情緒→\textbf{思考}→行動→結果$$

圖 7-1

難怪聖經一再強調智慧的重要：

不可離棄智慧，智慧就護衛你；要愛她，她就保
守你。　　　　　　　　　　　　（箴言四章6節）

高舉智慧，她就使你高升；懷抱智慧，她就使你
尊榮。　　　　　　　　　　　　（箴言四章8節）

　　一個事件的本身與我們所產生的情緒，以及最後導致
怎樣的結果，所有當中的轉化，都根據我們的思考而來，
每起事件發生後，都需要智慧去判斷我們的感受和事件到
底給了我們些什麼，這個思考的過程就會緊接著帶來我們
面對這個事件的行動，進而產生整起事件最終的結果。如

果你的思考充滿從上帝而來的智慧，你的婚姻關係就不會因為用錯誤認知去解讀而搞砸，你與孩子的關係也不會因為你從負面或生氣的角度去解讀而走到無法挽回的地步。簡單來說，發生同一件事，智慧程度不同的人就會產生不同的解讀，而不同的解讀也就會產生不同的行動，其最終的結果也會不一樣。

　　詩篇說：「我將祢的話藏在心裡，免得我得罪祢。」（詩篇一一九篇11節）我們往往情緒一來就跳過思考的過程，或因為裡面太少上帝的話，而導致溝通失敗、關係破裂的結果，我們的心就是存取神話語的地方，應當常常讀神的話，將神的話放在心上，神的智慧就越在你裡面。箴言也說：「你要保守你心，勝過保守一切，因為一生的果效是由心發出。」（箴言四章23節）若是我們心中充滿的都是偏邪的意念，我們所有的行為帶出來的結果就都是受那些負面的過往影響，所以怪不得，有的人不管結婚多少年、參加過多少聚會，人生中所有事件的結果仍是被情緒帶著走的。對此，我們可以先這樣宣告：

神啊！不論或左或右，

我們都定意追求祢的想法。

我們要以基督的心為心，

讓祢的思想和智慧成為我們的思想和智慧。

發生每件事情，我們要禱告，求祢親自幫助我，

給我從祢而來的智慧，

而不是總是被情緒牽著走。

～～～～～～～～～～～～～～～～～～

　　聖經裡說要快快地聽、慢慢地說，這快快慢慢的幾秒鐘裡，就是讓你的認知系統能夠藉著有智慧的思考過程來運作。我再舉個例子，在創世記人物約瑟的家裡，約瑟從小就被哥哥們嫉妒，所以想要陷害他，有天就把約瑟丟到水井裡要他死。但他其中一個哥哥流便，覺得不可害他性命，便把約瑟賣到埃及地去。後來的故事很長，我直接快轉到約瑟當上埃及宰相的那時候，當時剛好遇上七年的荒年，荒年的意思就是萬物都不生長，而導致嚴重的饑荒，這時他的哥哥們就必須來埃及找宰相約瑟要糧。約瑟與哥哥們是在同一個家庭長大的，但有趣的是，從創世記的記載中，能清楚看見不同的思想就會得到不同的結果。請看創世記第五十章的兩段經文：

約瑟哥哥們的思想（16 ～ 18 節）

他們就打發人去見約瑟，說：「你父親未死以先吩咐說：『你們要對約瑟這樣說：從前你哥哥們惡待你，求你饒恕他們的過犯和罪惡。』如今求你饒恕你父親上帝之僕人的過犯。」他們對約瑟

說這話，約瑟就哭了。他的哥哥們又來俯伏在他面前，說：「我們是你的僕人。」

16至18節是約瑟哥哥們的思想，當他們去見約瑟的時候，他們的思想就是「很害怕，覺得約瑟要來報復他們」，也許他們腦海裡預想的情節就是約瑟會叫人把他們拖下去斬了，並且會把他們的屍首拿去繞城三天，要天下人知道苦待弟弟的下場是什麼。當他們已有這樣的思維，帶來的行為結果，就是道歉求饒。但接下來的兩節經文卻是約瑟截然不同的思想：

約瑟的思想（19～20節）

約瑟對他們說：「不要害怕，我豈能代替上帝呢？從前你們的意思是要害我，但上帝的意思原是好的，要保全許多人的性命，成就今日的光景。」

前後比較一下這兩段經文，就能明顯看出兩種思維，一個有智慧的人不管發生再不好的事情，他永遠可以從上帝的角度看出美善的結果，並帶出美好的行為。但當你裡面沒有上帝的智慧，你的思維就都是過去的傷害和苦毒累積而來的產物。每次在遇見神營會裡，我們都是在處理這些過去累積來的思維，我們真的需要聖靈幫助我們勝過過

去的傷害和苦毒，轉化我們的生命。因為我相信，一個家庭能夠轉化、一個職場能夠轉化，甚至一個國家社會能轉化，都是從基督徒的思想轉化開始。

4. 情緒「必須」表達出來

這是本書到目前為止不斷強調的，你必須去指認自己當下的情緒是什麼，並且有智慧地去表達出來。我發現人際之間，我們常常用沉默取代溝通，我們不喜歡講出來，也覺得不講就會沒事，尤其是華人，但你的沒事並非真的沒事，只是常常把那些沒說出口的，壓抑在自己心中而已。

在牧會過程中，我發現真正對你有意見的人，不是那些會說出來的人，也不是那些常常惹你生氣的黑烏鴉，反而是那些一直沒有聲音，一直忍耐，最後有一天突然間消失的未爆彈，那其實才是最令人擔心的。在婚姻中也是如此，有一種會外遇，甚至最後出現家暴的典型是完全看不出徵兆的，而且通常都是發生在本來比較安靜忍受型的那方身上。這一型的人不是沒有情緒，只是不知道怎麼表達，累積到了最後，就用最激烈的方法表達出來，那才真正嚇人。

我們可能不知怎麼講或天生怕衝突，甚至相信

一個家庭能夠轉化、一個職場能夠轉化，甚至一個國家社會能轉化，都是從基督徒的思想轉化開始。

一切會慢慢自己變好，於是失去了溝通的最佳機會，選擇拖著、忍著、擺著不管，這都不是一個好的解決方法。有時試著找信任的人表達出來，能夠幫助我們不會變成一個充滿苦毒的壓力鍋，隨時會因為過熱而爆炸。

5.除了極少情況，感受和情緒最好當下就表達

我們華人有一個壞習慣，就是很壓抑。舉個例子，在年夜飯的飯局上，先生講錯了一句話，太太想說忍一時，風平浪靜，但內心卻盤算著該怎麼告訴先生那天他晚上講錯話了。然後一想就想了半年，半年後太太靈光乍現，並把先生找來，問他記不記得過年吃年夜飯當晚講過什麼話，但先生根本忘記半年前自己講過什麼了。

當然，有長輩在場、在同事面前，甚至在愉快的飯局當下，不是最好的表達時機，但是回家的路上，甚至隔天早上，都是不錯的表達機會。

所謂的「當下」不是「當場」，重點是不要拖！要學會在事情發生後，快點找一個對的時機練習表達出來。不需要在人前說，可以把對方帶到旁邊面對面說，或最晚隔天就要說。總之，必須確實地表達讓對方知道，對方當時說了什麼讓你不舒服的話，讓他了解你的想法和感受。表達，會讓彼此的心更靠近，也會增進更多心與心的交流。

以上的五點，讓我們學習到敞開的重要，這跟我們華人習慣的表達方式真的很不一樣，你可以試著對神宣告：

不要急，慢慢開始學習，你會越做越好的。我深深希望，當我們開始願意學習，就越能正確又健康並不帶著論斷和批評地將情緒表達出來。我們再次複習一下能達到完全敞開溝通的五個原則：

1.言談中不能含有論斷

2.要先知道情緒沒有對錯

3.情緒與感受需要用智慧來解讀

4.情緒必須表達出來

5.除了極少情況，感受和情緒最好當下就表達

鼓勵大家把這五個原則謹記在心，並試著落實在日常生活中，你也可以找你身邊重要的人一同學習，幫助彼此在溝通上有所長進。

愛的眞諦

　　有一對夫妻跟我談了幾次他們婚姻的問題，背景是這樣的，這個妻子一直覺得跟丈夫是平行線，無法溝通，常常沒有講幾句話，就很容易吵起來。丈夫一直覺得妻子常不快樂，常找他麻煩，沒有什麼大不了的事就在那邊小題大作。但是，就在我各別約談完，再找他們倆一起談時，竟出現一段很奇妙的對話：

　　我：你要不要試試看，把你心裡的話講出來？

　　丈夫：（想了一會兒）我每天在公司，壓力大到喘不過氣，回到家裡就希望妳開開心心，跟工作比起來，我們吵的東西真的小到跟芝麻一樣，真的沒有必要讓我們的愛，被這些小事磨光了。我真的很愛妳，今天才願意來找牧師談話，我是真心希望妳每天過得開開心心的，妳開心，我也會很開心。

　　（妻子邊聽邊拭淚）

　　我：妳（妻子）有沒有什麼想說的？（我轉身面向丈夫）你之前有沒有跟她講過這番話？

　　丈夫：沒有！

　　妻子接著說：我其實很感動他剛剛講的這段話，我們好久沒有這樣敞開心講話了，我剛剛聽到他說很愛我，我眼淚就掉下來，其實我要的就只是這樣而已。

聖經中有一段大家都耳熟能詳的經文：

愛是恆久忍耐，又有恩慈；愛是不嫉妒；愛是不
自誇，不張狂，不做害羞的事，不求自己的益
處，不輕易發怒，不計算人的惡，不喜歡不義，
只喜歡真理；凡事包容，凡事相信，凡事盼望，
凡事忍耐。愛是永不止息……。

（哥林多前書十三章4～8節）

這整段經文，被世人稱作為「愛的真諦」，當你認真
仔細地透過這篇「愛的真諦」去琢磨上帝要我們做的事情
時，你就會知道應當存在我們心裡面的是什麼樣的心法。

有許多弟兄姊妹來跟我討教婚姻相處之道時，我都會告
訴他們，去讀哥林多前書的第十三章，讀完之後，我相信離
婚絕對不是你的選項。我把上面這段會談內容記錄下來，就
只是想要讓你知道，當人開始願意敞開心去表達愛，就是踏
上得醫治的道路，神要我們存在心裡的道理當中，還有數不
盡的功課等著我們去學習呢！

親愛的天父，

求祢用祢十架上的愛，來加添我的勇氣和力量，
當我害怕的時候，給我信心去表達；
當我無助的時候，給我智慧去說合宜的話；
當我覺得太難溝通的時候，給我希望去面對挑戰；
當我想要放棄的時候，給我愛下去的動力，
因為，
愛是凡事包容、凡事相信、凡事盼望、凡事忍耐，
用祢永不止息的愛來重新建立我。

奉耶穌基督得勝的名禱告，阿們！

Chapter 8

好好溝通前的
七個決心

也許你去上了很多溝通課程，花了甚至好幾萬塊，

但回頭來你必會發現，

人生所有的智慧都在神的話語裡面。

女兒剛進家門，媽媽剛好坐在客廳滑手機。

媽媽：去哪裡了？

女兒：沒有啊！

媽媽：我問妳剛剛去哪裡？

女兒：教會！

媽媽：我只是問妳一句話，有必要跟我擺臭臉嗎？
　　　請妳注意跟媽媽講話的態度！

女兒：啊，不是嘛！每個禮拜六就是我去教會的時
　　　間，妳又不是不知道！奇怪唉！

媽媽：我告訴妳啦，妳講話這種態度，去一百次教
　　　會都沒用啦！我看妳，就是去那裡找朋友
　　　玩，快要考試了，也沒看妳在認真做功課，
　　　妳是以為去教會就可以逃避所有責任嗎？

女兒：隨便妳啦！我不想跟妳講話了。

另一個例子，很常發生在男女朋友的對話中。

女朋友：剛剛你是在跟誰講電話？

男朋友：同事。

女朋友：都禮拜六在放假，同事還打來幹嘛？

男朋友：沒事啦。

女朋友：那是你們公司又出了什麼事嗎？

男朋友：沒啦，我都說沒事了，又不關妳的事！

女朋友：什麼不關我的事？你最近都這樣跟我講
　　　　話，我只是關心你的工作，你都兩三個字
　　　　就想打發我，你到底有沒有在意我？

男朋友：就跟妳講沒事了，我剛剛也處理完了，告
　　　　訴妳，妳又不知道，這到底跟在不在意有
　　　　什麼關係啊？

女朋友：當然有關啊，我也想參與你的生活啊，你
　　　　跟我多講幾句是會死嗎？

男朋友：妳真的很囉嗦耶！這種工作上的小事到底
　　　　有什麼好講的？妳是無聊沒事找架吵？

　　你有沒有發現，在我們現實生活中，常常都因為這些
對話，好容易就擦槍走火，一下子兩個人都不開心，起先
都好好的，彼此也都沒有那個意思，但為什麼溝通中這麼
多地雷，一不小心誤踩，結果都是兩敗俱傷，無一倖免？

　　上一章裡，我提到包約翰提出的溝通裡的五種層次，
從最膚淺的、不痛不癢的聊天到最高層次——完全敞開的
真心溝通，也是包約翰所認為和嚮往的「人與人相互交通
最高的境界」，爾後我也整理出了達到完全敞開溝通的五
個原則：

1.言談中不能含有論斷

2.要先知道情緒沒有對錯

3.情緒與感受需要用智慧來解讀

4.情緒必須表達出來

5.除了極少數的情況，感受和情緒最好當下就表達

為達到完全真心敞開的溝通境界，我鼓勵各位務必不斷回顧並牢牢地把以上這五個原則放在心裡、執行出來。

⋮⋮⋮⋮⋮⋮⋮ 七個決心

既然我們知道完全真心敞開溝通何等重要，最後我們就來談談，當你面對溝通中最不易面對之處時，或甚至產生衝突的時候，我們還需要有七個重要的決心，而這七個決心都是從聖經「愛的真諦」中習得的。順道一提，如果你是從來沒有讀過聖經的讀者，我真心建議你能夠接觸它，因為裡面充滿很多人生的智慧和箴言。

第一個決心：下定決心說實話

不喜歡不義，只喜歡真理。

（哥林多前書十三章6節）

不管在婚姻、親子、友誼當中，實話和真理是建立關係最重要的基礎，相反地，謊言是破壞、摧毀關係最快也是最大的因素。當你進入一段關係中，千萬記得，一定要時常在心中宣告：

我要下定決心跟對方說實話。

而且，我要特別鼓勵弟兄，因為男生常常自以為聰明，再加上男生本來就不是很愛說話的族群，所以通常我們跟別人，甚至跟太太講話的時候都是省話一哥，總覺得不用講太多，知道重點就好了。但女生的心通常比較細，女生要建立安全感，通常來自於知道越多越好，越細節越好，女生有著比男生更細膩而且看事情也看得更完整的優點，所以你應該多形容你當時的表情、說了什麼話、對於當時情境可以多描述一點，這對女生來說蠻重要的。女生知道得越仔細，就獲得越多的安全感；女生只要覺得你有什麼在瞞著她，就會呈現備戰警戒狀態，這其實會對關係帶來很大的破壞力。但弟兄往往覺得交代重點就好了，姊妹為什麼要問那麼多？覺得又不關她們的

不管在婚姻、親子、友誼當中，實話和真理是建立關係最重要的基礎。

事！跟她們講那麼多，有什麼用？於是你晚上去哪裡、跟誰吃飯，都不說，只交代吃完幾點會回家，都用避重就輕的溝通方式，造成女生很多的不確定感和不安感。

假如可以，請男生在溝通時，學習直接，不要拐彎抹角，下定決心不喜歡不義，喜歡直接講真理。不要自以為聰明，講那些含糊籠統的話，對我們的孩子、妻子、父母都不要這樣做，我邀請弟兄們一起做以下宣告：

神啊，把虛假和謊言從我生命中移開

再次邀請正在閱讀此書的弟兄們，一起打從心裡宣告：

我要下定決心說實話

以弗所書四章15節也教導我們：「**惟用愛心說誠實話，凡事長進，連於元首基督。**」這句經文看似簡單，裡面卻含有四個深具意義的重點：

1. 用愛心：再有道理的話，如果失去愛心，就常會充滿著刺，不僅讓自己失去對話空間，也容易戳傷別人。

2. 誠實話：不要欺騙、不要避重就輕；善意的謊言也是謊言，盡量不要選擇這樣做，因為說謊是關係中最大的殺手。

3. 要學習：這裡說凡事長進，也就是說要讓自己在溝通上盡最大的努力去學習成長，不要停止進步，不要擺爛、放棄溝通。

4. 要對得起神和人：不要做一些連信仰都說不過去的事，俗話說「舉頭三尺有神明」，如果你覺得神都不希望你這麼做，你的妻子和家人更不用說了。

實話會使人感到赤裸，像在開刀時被開腸剖肚一樣，所以實話中還要加上愛心，愛心很像手術過程的麻醉針，打下去後就沒那麼痛。這就是為什麼聖經教導我們必須選擇說實話，但要加上愛心。你想想看我們跟主的關係，上帝也希望我們能對祂說實話，祂也明白地告訴我們：「時候將到，如今就是了，那真正拜父的，要用心靈和誠實拜祂，因為父要這樣的人拜祂。」（約翰福音四章23節）可見一段關係得以建立，神給我們的原則就是：下定決心說實話。

第二個決心：爭論但別爭吵

……不輕易發怒，不計算人的惡。

（哥林多前書十三章5節）

　　爭論，但不要到爭吵，注意在上面的經文裡，有一句「不輕易發怒」。爭論是回到問題本身來討論，爭吵卻是容許自己在情緒中發洩。我們因為成長背景、家庭背景、教育背景不一樣，看待事情的觀點本來就可能差異很大，甚至完全迥異，但我們要期許在溝通當中仍然能夠進行討論，而不是戰火一觸即發。然而在親密關係中，請記得如前一章所述，別跳過思考的過程而直接用情緒的方式表達，當我們的情緒一下就衝到頂端，衝破情緒的臨界點而再也沒辦法控制時，就會演變成爭吵的局面。當爭論變成爭吵，就會模糊了解決問題的焦點，最後都只剩人身攻擊和無意義的謾罵，冷靜下來後，才會發現其實沒必要發這麼大的脾氣。我們一起對主宣告：

主啊，幫助我把祢的話記在心裡，

讓我不輕易發怒。

提醒自己在討論事情時不要讓情緒突破那個頂端，那對關係完全沒幫助，也沒辦法增加彼此的討論空間，也沒有辦法讓彼此敞開心靈來溝通。

我有三個孩子，生老大的時候，通常每個父母就照書養。書上教我們，小孩哭了不要抱，因為小孩會變得很黏、很依賴，如果讓孩子習慣了，之後孩子每次都要抱抱才會不哭。所以我和太太在帶大女兒的時候，就堅定地用這個方法，我們也發現挺有效的，反正她哭累了就睡了；但大兒子出生後，狀況完全不一樣，我給他取名叫「心毅」，沒想到連哭都很有毅力，一哭可以哭一整晚，搞到我和太太精神耗弱，鄰居都誤以為我們家暴。但書上說不能抱，我和太太便嚴格遵循指示，但內心十分掙扎，只要我們其中一個受不了去抱了，另一方就會說去抱的人「醜一」（玩遊戲輸一次的意思）。

老三出生後，我們家跟之前有些不一樣，因為岳母搬過來跟我們住的關係，所以老三大多是我的岳母在照顧，我們發現我岳母對「小孩子哭了到底要不要抱？」有另個截然不同的理論，她說：「小孩子一哭就要抱！」我覺得很困惑，因為書上不是這樣寫的。我岳母的邏輯是：「應該要讓孩子的記憶比較多是充滿喜樂的，而不是哭哭啼啼的。」聽起來很有道理，雖然我到目前為止還找不到哪一本書上有這個理論。岳母還繼續說：「如果讓小孩子哭，小孩子會哭得一次比一次用力，因為小孩子也知道用力到

一個地步，父母還是會忍不住來抱。」也就是說，孩子的情緒一次會比一次更往上衝。我就想到我曾經見過這樣的孩子，哭到最後都會變成尖叫。岳母這一席話讓我折服了，若認識我的老三QQ的人都知道，QQ從小到大都是笑瞇瞇的。

我發現岳母的智慧真不簡單！人的情緒真的有一個頂端，你可以回想一下，每次的爭吵都會是一次比一次激烈，而不會變緩和，情緒會越來越無法控制。為了表達自己的憤怒，就會繼續把情緒往上推。我們現在就來呼求聖靈幫助我們，幫助我們勝過生命中沒辦法勝過的個性和脾氣，我們一起宣告：

神啊，我最大的問題就是我的情緒、

我的脾氣、我說話的方式，

求祢來救我、幫助我。

求祢幫助我不要跳過思想的過程，

而讓情緒肆無忌憚地放出來，

不要讓我的情緒壞了事情，

而使一切再也收不回來。

第三個決心：不應只顧自身感受而期待對方順服

> ……不求自己的益處，不輕易發怒，不計算人的
> 惡。　　　　　　　　　（哥林多前書十三章5節）

　　每次的溝通千萬不要預設好無法更改的目的，非要別人照著你的意思行，只能照你想要的話題帶風向、只有你自己的益處才是對的、只有你要表達的意見才是好的、全天下都要繞著你轉才是對的，但事實上，全天下的人事物都不會繞著你轉，再重申一次，地球不是繞著你轉的。

　　當自認只有自己的想法是對的，不願作變通和討論時，就會使得每次在溝通前，總處心積慮地計畫要如何說服對方，這樣的設定不會帶來好的溝通結果，比較會演變成雙方僵持不下的局面，因為你有你的理，我也有我的理。腓立比書有一段經文是這樣教導的：

> 凡事不可結黨，不可貪圖虛浮的榮耀；只要存心謙卑，各人看別人比自己強。各人不要單顧自己的事，也要顧別人的事。
>
> 　　　　　　　　　（腓立比書二章3～4節）

　　當我們只想到自己，覺得自身利益才是對的，那你與他人的溝通是不會成功的，因為驕傲和自私是造成溝通

管道阻塞的兩個主因，若總是覺得自己最有道理、最有邏輯、自己做的才是對的，那就會形成一個溝通的阻塞點，難怪聖經裡教導我們真正的愛是「**不自誇，不張狂**」（**哥林多前書十三章4節**）什麼意思是不自誇不張狂？就是不要自吹自擂、自高自大。當你自認不用再學習了，會使自己進到一個死胡同裡，只感受得到自己的情緒和想法，還蠻橫地要對方順服你。

這一點我也是特別想提醒弟兄（這本書一直在提醒弟兄：本書是全天下的男人都應該要讀的教科書！），因為我們作為男人常犯一個毛病，就是容易覺得自己比較有道理的時候，會得理不饒人，非要對方服輸或低頭下來，甚至要對方跟自己道歉。自認比較有道理的人，常會不管怎樣，凡事都要跟你爭出一個道理為止，但當我們只站在自己的立場講完道理後，往往關係也破壞了。作丈夫的，不要期待妻子對你有盲目的順服，或是一定要妻子聽你的，對方只能服輸，這一類的丈夫也許很喜歡以弗所書的這句經文：「**教會怎樣順服基督，妻子也要怎樣凡事順服丈夫。**」（**以弗所書五章24節**）我常聽一些人對我說：「牧師啊，你評評理，你看我這個妻子都不會順服，聖經不是要妻子順服我嗎？但是每次我講什麼，她的意見都很多！」我想告訴你連小學生都懂的一個道理——聖經不能只讀一節！所以你

驕傲和自私，是造成溝通管道阻塞的兩個主因。

應該要同下一節經文一起看：「你們作丈夫的，要愛你們的妻子，正如基督愛教會，為教會捨己。」（以弗所書五章25節）妻子要順服是聖經的教導沒有錯，但請看清楚，妻子要順服的對象是「正如基督愛教會，為教會捨己」的對象，所以有些妻子會跟丈夫說：「你怎麼不去死一死啊？」其實這句話還蠻符合聖經的，因為男人要先願意為對方犧牲，而不是一味要人服你，是不是很有道理呢？

　　所以，如同我在第4章所說的，男人的氣概和榜樣是要與基督的形像一致的，如果你想要妻子順服你，不如先想一想，自己的生命是否有基督的形像和榜樣？如果我們可以真的做到為妻子捨命，我想沒有一個姊妹不願意順服這樣的丈夫，可是那個她們要順服的對象，似乎沒有活出這樣的榜樣。

　　其實在職場上也是同樣的道理，老闆想要員工順服，那員工也會吶喊：「老闆，你有先做到該有的榜樣嗎？」如果沒有先做到該有的榜樣，還一味期待別人順服，這種領袖是帶不了心的。

第四個決心：不要想用嘮叨過去來得到回應

> 不做害羞的事，不求自己的益處，不輕易發怒，
> 不計算人的惡。　　　　（哥林多前書十三章5節）

對弟兄的提醒講完了，我們也要來提醒姊妹。前面講的第一種是人常為了達到目的，而一直講道理，要別人順服他，現在要講的是第二種，一直挖過去的瘡疤，希望對方聽我的，這兩種都很不行！

「你現在就給我去念書，你又忘了去年你考得多爛嗎？」

「我以前不是也是這樣，為什麼你現在就不行？」

「我剛嫁給妳公公的時候，作人家媳婦，我都是最晚吃飯、最早去洗碗的，哪像妳現在這樣不懂事！」

「想當年，我們學長怎麼帶我們的，現在世代不一樣了，你們這些學弟真的過太爽，早就看不慣你們這樣，學學我們當年的態度好嗎？」

如果想用不斷嘮叨過去的事、重複同一個主題的方式，讓對方聽進去並照自己的方法做，這樣的溝通肯定達不到你想要的效果，反而讓人更反感。若你去讀馬太福音裡頭的一句經文，你會看到耶穌是怎樣教導我們禱告的：**「你們禱告，不可像外邦人，用許多重複話，他們以為話多了必蒙垂聽。」**（馬太福音六章7節）連神都叫我們不要用這些重複話禱告了，難道我們還要用這樣的方式對待我們的丈夫或孩子嗎？妳期待這種重複嘮叨過去的溝通會成功嗎？如果這樣會成功，那我寧可買一台錄音機，每天

對著家裡的人播放，豈不更省事？但重點是這樣一點都沒效，作父母的千萬不要想用嘮叨過去的事來得到青少年孩子的回應，不只是浪費口水，更會拉遠與青少年子女的距離。

在這裡我要教大家一個讓人較容易聽進去的溝通原則，叫做好不好三明治原則：

好 先講正面讚賞的話語

_____

不 再講真相，用愛講出你想講的重點

_____

好 最後再講正面鼓勵的話

圖 8-1

常聽人在問：「早餐吃三明治好不好？」所以我叫它好不好三明治原則，首先，第一個好，先講正面讚賞的話語，察顏觀色後，看對方能不能接受你講真話，再進行下一步；第二個不，就可能會是對方不喜歡聽的，也就是所謂的真相，在此謹記務必從聖經真理的角度講出你想講的重點；而最後還要有一個好，就是還是要對對方說正面鼓勵的話，這樣才更能讓對方聽進去。

當你的家裡有一個青少年孩子，你一定不會得到失智症，因為每天都得跟他們鬥智！我的女兒跟我們溝通時，我是「好不好三明治原則」最大的實驗見證人，因為女兒從來不吃「命令她做事」這一套。每次要請她幫忙，我都會先說「正面又讓她心花怒放」的話，比如說：「天啊，妳今天也穿得太美了吧！」「我覺得妳今天看起來有瘦喔！」這是邁向成功的第一步。

接著重點來了，當她正高興的時候，我就把我的需要，或是想說的話慢慢地、小心地放進來，記得一定要小心，俗話說：「吃快會弄破碗」，所以我就會說：「是否有這個榮幸，請我美麗的女兒幫爸爸洗一下襪子？」「如果妳可以帶弟弟上樓睡覺，那就太好了。」這些話，一定要小心地放在讚美之後；最後也絕對不能草草了事，還是要用鼓勵的話，強化她願意改變的動力，例如：「天啊，我怎麼有這麼棒，又會幫忙的女兒！」「我真的很想帶這麼優秀的姊姊出去吃一頓好吃的！」這樣，一定會達成雙贏。

第五個決心：當討論到另一個人時，請以保護對方為前提來溝通

> 不做害羞的事，不求自己的益處，不輕易發怒，
> 不計算人的惡。　　　　（哥林多前書十三章5節）

<u>凡事包容</u>，凡事相信，凡事盼望，凡事忍耐。

（哥林多前書十三章7節）

「不做害羞的事」和「包容」這兩件事我覺得很有意思，「不做害羞的事」在希臘文裡的意思是「不合體統的事」，害羞的事除了那些不忠、關於性方面的事情，其實也包含你不能在人前做的事情。自我檢視一下自己的內心：有些話，當對方不在現場時，你還說得出口嗎？有些事，如果太太不知道，你還會做嗎？

「包容」在希臘文裡的意思是一種密不透風的遮擋，衍伸出來，也包含遮擋、不透水、保衛、忍住、忍耐的意思。以上這些要說什麼呢？就是當你對對方真的有愛，你就不會把對方所做的事情掀開來給大家看，讓對方難為情。你們雙方在溝通時，你反而要懂得用包容和愛，成為密不透風的遮蔽物來遮掩。舉個例子，當你在別人面前談論到你的配偶和婚姻問題時，要以保護你的配偶為原則，不要好像講笑話一樣，把對方的弱點全部挑出來講，這樣並不是保護，也沒有密不透風的作用。當我們在談論另一半或甚至其他家人與好朋友時，請先站在保護他的立場，不要像講茶餘飯後的閒話一樣，對方會感到不舒服的。

我也特別想到，在教會的小組時間當中，我們要注意一件事，就是當我們在分享代禱事項時，不要演變成大庭廣眾之下向其他小組員抱怨另一半的場面，大家可以為你

們的夫妻關係有爭執來禱告，但別在大家的面前使你的配偶難堪；再想想，若你常在小組裡面抱怨你未信主的另一半，當他有一天來小組時，小組的人會怎麼看他？請為對方多保留面子，這才是愛。若是你很信任你的牧者和小組長，想要做進一步的協談，仍然要注意自己的分享，表達上不要一味地埋怨，不要把對方所有的不好都掀開來。再次提醒，無論如何，仍然要凡事包容、凡事相信。

第六個決心：生氣也是一種選擇，但你能決定它往哪裡去

> 凡事包容，凡事相信，凡事盼望，凡事忍耐。
>
> （哥林多前書十三章7節）

上一章我們有談到憤怒的情緒，也了解到情緒本身是沒有對錯的，聖經裡有一段經文是這樣說的：「**生氣卻不要犯罪；不可含怒到日落。**」（**以弗所書四章26節**）我們不是不能有生氣的情緒，但生氣要有一個底線，不要生氣到犯罪了，意思就是不要生氣到不可收拾、到頭來後悔莫及的地步，而那個底線就是「不可含怒到日落」。但我們這些牧者常常會被問到這類來鬥智的問題：

「如果在五點半，看到天色黃昏的時候生氣，可以

算在明天嗎？」

「是不是晚上吵架更好？因為有一天可以生氣，氣到明天日落。」

看看我是怎麼回應的：

> 「神既標記了『日落』，意思就是當你生氣時，要你給自己一個時間點，也就是停損點，不要肆無忌憚地一直氣下去。而日落也代表著一天的結束，不要讓你的氣超過一個時間，如果氣個兩天、三天，甚至更久，你的憤怒會一發不可收拾。」

屬靈和情感上的成熟，就是能夠生氣卻不犯罪，為怒氣設立停損點。聖靈給我們的其中一個果子，就叫做「節制」，關於節制的果子，我們以往在討論吃不吃消夜的話題上提到它，但其實它也可以運用在控制怒氣上。我明白那些怒氣在我們裡面會讓我們不舒服，但也請你記得聖靈會給你節制的果子，你是可以設立停損點的，你的怒氣是停得住的，不會像孩子大哭到尖叫那般難以收拾的。

長大以後，或許我們不會用尖叫來解決事情，但可能會將之以一些難以

> 請你記得聖靈會給你節制的果子，你是可以設立停損點的，你的怒氣是停得住的。

收拾的決定代替，可能是極端的報復或傷人的言語，當我們不為自己的情緒設立停損點，就是容讓自己生氣到無法克制的地步。不要讓你的夫妻和親子關係走到互不來往的局面，甚至將對方傷到回不了頭，後悔莫及。生氣是一種選擇，但我們要決定這股氣要往哪裡去。

第七個決心：用能夠祝福的方式來溝通

凡事包容，凡事相信，凡事盼望，凡事忍耐。

（哥林多前書十三章7節）

最後一個決心，就是請牢記，能用祝福彼此的方式來溝通，經文裡說到要凡事相信和凡事盼望，祝福人從不是為了現狀，祝福通常是為了未來會發生的事，因著我們相信他，所以我們去祝福，就像每次幫人唱生日快樂歌，為人慶生一樣，帶著對未來一年滿滿的期待來祝福壽星。若我們總是凡事相信、凡事盼望，不論是跟婆婆、跟媳婦或跟任何人溝通，就不會帶著過去的傷害去碰撞，而是帶著盼望和相信來與人交談，當我們帶著盼望和相信去交談，口裡所出的話就是帶著祝福的。

彼得前書說到：「不以惡報惡，以辱罵

當我們帶著盼望和相信去交談，口裡所出的話就是帶著祝福的。

還辱罵，倒要祝福；因你們是為此蒙召，好叫你們承受福氣。」（彼得前書三章9節）祝福在希臘文裡翻出來是「頌詞」的意思，是像交響樂那樣詠嘆上帝的讚美詩，也就是我們每個禮拜天來教會唱的詩歌，所以我們若要承受祝福，就要像對神唱詩歌、唱讚美詩一樣地對待我們周圍的人。

舉個例子，當唱出「祢的信實何廣大」這樣的詩歌歌詞時，你能不能也用這樣的句型與孩子相處？對孩子說：「孩子，爸爸覺得你是守信用的人，我以你為榮。」這件事我相信你不會做不到；當我們唱出：「沒有任何事能使我們與祢的愛隔絕」時，我們是不是也能對自己的丈夫、妻子說：「我真的好愛你／妳，沒有任何事能讓我們分離。」當你會講這種話時，你就是在用祝福溝通。生命中有這些頌詞，人們自然就會得著祝福、承受產業。

反觀現在網路上充滿了抱怨和批評，抱怨生活很糟糕，批評別人的想法很差勁等等。我想提醒你，**基督徒蒙召不是到網路上酸言酸語，我們蒙召是要去祝福人的，越酸、越抱怨，越無法承受祝福**，這些觀念是聖經裡才會教導我們的，因著神的話語，我們不要成為一群愛抱怨、愛挑剔別人的酸民，而是要成為一群蒙福又能承受祝福的百姓。箴言三十一章也有個很好的例子：「她的兒女起來稱她有福；她的丈夫也稱讚她，說：才

德的女子很多，惟獨妳超過一切。」（箴言三十一章
28～29節）你看這個頌詞有多浪漫！如果有個丈夫對妻
子講這樣的話，那妻子會有多開心、幸福？所以，你可
否開始學習用祝福的話來與你周圍的人、親密的人溝通
呢？

::::::: 枝子要緊連葡萄樹

　　本書將進入尾聲，但不代表你真的學會溝通了，聽過
不代表擁有，必須要實際操練過才算真正擁有它，所以我
鼓勵你們能夠把神的話活出來，也許你去上了很多溝通課
程，花了甚至好幾萬塊，但到頭來你必會發現，人生所有
的智慧都在神的話語裡面。

　　最後，我鼓勵你，讓上帝的話語成為你生命的中心，
把上帝的話語存在心中，免得得罪祂。有神的話，我們才
有腳前的燈；有神的話，我們才有路上的光，若你願意讓
上帝的話語影響你的生命，你一生不管做什麼，都必有上
帝的引導；若你的說話方式能更多用神話語中的智慧來表
達，你與神的關係就會如同葡萄樹與枝子的關係一般緊緊
相連，你的家庭、人際、職場、校園都會像一棵樹栽在溪
水旁，按時候結果子，葉子也不枯乾，凡你所做的盡都順
利。我們再一起對主宣告：

主啊，我離了祢什麼都不能，

求祢讓祢的話更多充滿在我裡面。

祝福大家，靠著上帝的話成為溝通的達人、關係的高手，不管身處何處都能得地為業、爭戰得勝！

親愛的天父，

願我不只是求祢改變我與人關係中的隔閡，

而是改變我！

願我不只是要祢改變另一半或孩子，

而是改變我！

願我不只是希望祢來翻轉我的家，

而是我願意先從我自己開始翻轉！

我向祢禱告，

從今天開始，我是新造的人，我有新造的口，

能夠說出充滿愛與智慧的話語，

凡事相信，凡事盼望，

祝福我周遭的人。

奉耶穌基督得勝的名禱告，阿們！

Chapter 9

無論如何，
選擇合一

如果能夠「修補關係」，就不要讓洞破更大。

幾年前，我突然接到一個令我非常震撼的簡訊，我的教會裡有對夫婦傳訊息來告知我，他們從下週開始要換到我們這個城市的一間大教會去了，隨即他們就退出與教會有關的所有群組。

　　我為什麼會那麼震驚，因為這對夫妻是從我還沒有進教會全職服事的時候就認識他們，看著他們從不是基督徒到決志、受洗、上裝備課，到後來開始火熱服事，成為重要的同工，幾乎他們生命中重要的時刻都有我的參與。我還記得當初丈夫好不容易戒掉二十幾年的菸癮，大家都流著眼淚為他高興，如今想起來都成為令人難受的回憶。

　　人會離開你的教會，一定是有原因的，我也相信我一定有很大的進步空間，加上教會本來就是人來人往，會友跳來跳去也不是什麼需要大驚小怪的事。但是這對夫妻對我而言就是不一樣，加上我的個性就是比較念舊，很多情緒壓在心裡真的挺難受的。我大可選擇放著不管、算了，反正幾個月或是時間再長一點，可能幾年後，一定會過去的，但我沒有這樣做，而是勇敢地（厚著臉皮）問他們：「可以約你們吃一頓飯嗎？」

　　當你讀到這裡，我想要你知道，我也是個平凡人，知道這兩人早就想好要離開你了，腦中不免會開始想像對方一萬個不跟你吃飯的理由，甚至想像他們很氣你、很不爽，連待在你的教會都不想了，怎麼可能會想跟

你吃飯？我準備接招他們可能會傳「不用！」「不方便！」「不想！」這類訊息過來，反正這些關係破壞者傳再過分的內容都有可能，所以你應該猜得到，當我問想不想吃飯時，是鼓起多大的勇氣，肯定是冒著十億個會被拒絕的風險，但心裡又覺得這段關係不能就這樣，我一定要do something！所以還是把這封簡訊傳了出去。傳出訊息後，我就跟在手術房外面等候的家屬一樣，一直緊張兮兮地盯著手術房門，等著醫生出來回報消息，我也在盼著他們的回音。

　　沒想到過沒多久，他們回覆了，他們說：「好啊！沒問題，下禮拜幾牧師比較有空？」哇，我的天啊，真沒想到他們這麼快就回覆，而且是這麼正面的回應，剛剛浮現我腦海裡所有的八點檔連續劇劇本一個都沒有上演，反而接到的是彼此都願意為關係做努力的積極回應，我們很快就約了時間，而且就在下個禮拜三。

　　老實說，那天吃飯的氛圍確實是蠻緊張的，因為都已經知道要談什麼卻又沒有人開話題，我們就只能尷尬地聊天聊地、隨興亂聊。只要出現長達一秒以上沒有講話聲的狀況，我連我自己不安的心跳聲都能聽見，有過這種經驗的人就會知道，你就是那個需要負責開新話題的人，就這樣，我們也差不多吃完飯了。

　　眼看碗也見底了，那些無關痛癢的話題也都聊到沒有新梗了，我想是時候了。接下來這就是我們的對話：

我：你們是這週就開始去那裡聚會了嗎？

他們：對啊，我參加他們禮拜天那一堂。

我：嗯嗯，我不知道可不可以有一個請求，在你們離開前，如果可以為我做一件事，我會很感恩！可以嗎？

他們：牧師，什麼事，請說！

我：就是能不能就你們這麼多年觀察下來所看到的告訴我，我有沒有什麼可以進步的地方，請你們讓我知道，或是我有沒有什麼得罪你們的地方，也讓我有機會道歉。我們認識這麼多年，我想你們一定很了解我，也能幫助我有機會看到自己的盲點和必須改變的地方。

　　我也不知道自己哪裡來的勇氣，能夠說出這樣的話，但是在我心中真的是這麼想的，如果能夠「修補關係」，就不要讓洞破更大。我非常感謝他們那天對我敞開心，真誠又帶著愛的談話，我們對彼此心與心之間毫無保留的對談，是種在這份關係中給我們最好的祝福，而那天的談話，出奇地平安和順利，也沒有惡言相向，反而充滿著祝福和感恩。我向他們道歉，並表示我們應該更早主動約見面聊聊，他們為著過去牧養的關係向我道謝，雖然我們之後將在不同的教會聚會，或許不像以前每週都會見到面，但我感覺在我們心中有一個結，好

像被解開了。彼此本來是要「老死不相往來」的結局，居然最後一刻來一個神反轉，最終我們沒有選擇仇敵給我們的劇本走下去，我們還相約下一次一定要再出來吃飯。當我跟他們道別，獨自走出餐廳大門，我望著那天灑落的和煦陽光，彷彿是神在告訴我：「子駿，你做得很好，無論如何，選擇合一！」

其實，選擇放棄最簡單，反正我們就是不再相見或是選擇冷戰，都不用冒著風險去用熱臉貼冷屁股，加上我們華人面子又薄，能夠不要衝突就不要衝突，我們根本不想要去「增加」麻煩，能不面對就不面對，反正多一事不如少一事，我們都用「或許時間會沖淡一切」來安慰自己。但是對於基督徒而言，我們從來不主張去選擇一條簡單的路，道成肉身的耶穌已成為我們最好的榜樣，選了一條最難走的道路，就像腓立比書說的：

> 你們當以基督耶穌的心為心：祂本有上帝的形像，不以自己與上帝同等為強奪的；反倒虛己，取了奴僕的形像，成為人的樣式；既有人的樣子，就自己卑微，存心順服，以至於死，且死在十字架上。　　　　（腓立比書二章5～8節）

祂選了一條受苦的路，是最難走的各各他之路，是連祂自己都想要放棄的苦杯，但就是因為祂踏上去，才能成

就今天神與人、人與人重新和好之路，以弗所書裡頭說：

> 因祂使我們和睦，將兩下合而為一，拆毀了中間
> 隔斷的牆；而且以自己的身體廢掉冤仇，就是那
> 記在律法上的規條，為要將兩下藉自己造成一個
> 新人，如此便成就了和睦。既在十字架上滅了冤
> 仇，便藉這十字架使兩下歸為一體，與上帝和好
> 了。　　　　　　　　　　　（以弗所書二章14～16節）

當我一次又一次想要放棄的時候，我就想起耶穌，
想起祂為我所做的一切。祂不是要我在每段關係中逃跑，
也不是繼續躲在自以為沒人知道的自憐裡。那裡其實很好
躲，因為我躲過，我知道。但是那裡就像我孩子跟我玩躲
貓貓一樣，只有你自己以為躲得很好，但其實大家都知道
你躲在那裡，只是沒有拆穿你。

是該選擇合一、選擇饒恕、選擇和好，也尋求解決方
法的時候了！親愛的朋友，我們其實是被同一道陽光所映
照，就是那天我選擇和好後的陽光，或許我們也正經歷仇
敵想要給我們的劇本，牠一再想要把我們的人生寫成充滿
暴力、互相傷害、冷戰、支離破碎的終局，但是我們的上
帝，永遠能夠叫苦水化為甘泉、烏雲變藍天、咒詛轉為祝
福。祂正在改寫你的人生劇本，請堅持用對的方法溝通，
不要停止努力，不要放棄，我相信那天灑落在我身上的陽

光，也會落在你的身上，而且聽見：「孩子，你做得很好，無論如何，選擇合一！」

請堅持用對的方法溝通，
不要停止努力，不要放棄。

親愛的天父，

只有祢能教我，
當祢掛在十架最痛時，
還能說出選擇原諒的話：
「父啊，赦免他們！」
也在我最痛的時候，
賜給我同樣的力量。

在我盛怒中，
想起祢那赦罪的愛；
在我說不出好話的時候，
想起祢總是造就人；
在我快要放棄時，
無論如何，
選擇合一。

奉耶穌基督得勝的名禱告，阿們！

國家圖書館出版品預行編目(CIP)資料

有些事,真不好說:9堂神效溝通TALK / 柳子駿著.
-- 初版. -- 臺北市:天恩出版社, 2022.09
面; 公分
ISBN 978-986-277-355-0(平裝好好說話版). --
ISBN 978-986-277-356-7(平裝透明真實版). --
ISBN 978-986-277-357-4(平裝揹起十架版)

1.CST: 基督徒 2.CST: 人際關係 3.CST: 人際
傳播 4.CST: 生活指導

244.98   111012293

有些事，真不好說：9堂神效溝通TALK（好好說話版）

作　　者／柳子駿
編　　審／林美順、朱孟庭
行政編輯／朱孟庭
執行編輯／吳繪鈞
文字編輯／李懷文、鄭斐如
美術編輯／林芳存
行銷企劃／莊堯亭
發 行 人／丁懷箴
出　　版／天恩出版社
　　　　　10455臺北市中山區松江路23號10樓
　　　　　郵撥帳號：10162377 天恩出版社
　　　　　電　　話：（02）2515-3551
　　　　　傳　　真：（02）2503-5978
　　　　　網　　址：http://www.graceph.com
　　　　　E-mail：grace@graceph.com
出版日期／2022年9月初版
年　　度／28 27 26 25 24 23 22
刷　　次／07 06 05 04 03 02 01
登 記 證／局版臺業字第3247號
ISBN 978-986-277-355-0
Printed in Taiwan.

天路企劃・天恩出版 Grace Publisher